# W.-A. MOZART

# La Flûte Enchantée

## (Die Zauberflœte)

TRADUCTION FRANÇAISE DE

J.-G. PROD'HOMME & Jules KIENLIN

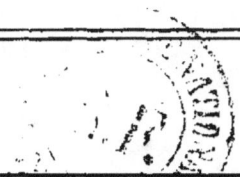

# LA
# FLÛTE ENCHANTÉE

## (DIE ZAUBERFLŒTE)

### OPÉRA EN DEUX PARTIES

POÈME DE

## LUDWIG GIESECKE & EMANUEL SCHIKANEDER

TRADUCTION FRANÇAISE DU LIVRET ORIGINAL
PAR

## J.-G. PROD'HOMME & JULES KIENLIN

MUSIQUE DE

# W.-A. MOZART

Représenté pour la première fois au théâtre de la Monnaie,
à Bruxelles, le 20 décembre 1912
et au Théâtre national de l'Opéra à Paris,
le 22 décembre 1922.

## LUCIEN DE LACOUR, Editeur
### ÉDITIONS COSTALLAT
60, RUE DE LA CHAUSSÉE-D'ANTIN
### PARIS

# PERSONNAGES

ZARASTRO (basse).

TAMINO (ténor).

L'ORATEUR (basse).

PREMIER PRÊTRE (baryton).

DEUXIÈME PRÊTRE (baryton).

TROISIÈME PRÊTRE (basse).

PAPAGUÉNO (baryton).

MONOSTATOS, nègre éthiopien (ténor).

PREMIER HOMME ARMÉ (ténor).

DEUXIÈME HOMME ARMÉ (basse).

PREMIER ESCLAVE.

DEUXIÈME ESCLAVE. } (rôles parlés).

TROISIÈME ESCLAVE.

LA REINE DE LA NUIT (soprano).

PAMINA, sa fille (soprano).

PREMIÈRE DAME DE LA REINE (soprano).

DEUXIÈME DAME DE LA REINE (soprano).

TROISIÈME DAME DE LA REINE (alto).

UNE VIEILLE FEMME (PAPAGUÉNA) (soprano).

PREMIER ENFANT (soprano).

DEUXIÈME ENFANT (alto).

TROISIÈME ENFANT (alto).

PRÊTRES, SUITE, FOULE, ESCLAVES, etc.

Première représentation au théâtre auf der Wieden, à Vienne, le 30 septembre 1791.

# LA
# FLÛTE ENCHANTÉE
### (Die Zauberflœte.)
## OPÉRA EN DEUX PARTIES

## PREMIÈRE PARTIE

## [ACTE PREMIER]
*Ouverture*

### Iᵉʳ TABLEAU

*Site sauvage de rochers. A droite (1), au 1ᵉʳ plan, un banc formé par des rochers.*

### SCÈNE PREMIÈRE

TAMINO, vêtu d'un costume grec, entre en courant, à gauche ;
il porte un arc, mais n'a plus de flèches.

(Nº 1. *Introduction*, allegro).

#### TAMINO

A l'aide ! à l'aide ! Je suis sans défense !
A l'aide ! à l'aide ! Il rampe, il avance !
Le monstre s'approche !
*(Un grand serpent venant de droite poursuit* TAMINO.*)*
Il est sur mes traces !
O Dieux puissants ! de grâce !
O Dieux puissants ! pitié pour moi !
*(Il tombe épuisé et sans connaissance sur le banc de rochers.)*

### SCÈNE II

TAMINO sur le banc. LES TROIS DAMES, habillées de noir,
armées d'épieux à pointe d'argent, paraissent à gauche.

#### LES TROIS DAMES

Monstre ! péris frappé par nous !
*(Elles transpercent de leurs épieux le serpent.)*
Victoire ! Victoire !
Le monstre est mort, nous triomphons !
Il est sauvé *(bis)*,
Vaillantes armes, grâce à vous ! *(bis)*

---

(1) Les indications *droite* et *gauche* sont données par rapport au public.
Les passages entre crochets [ ] peuvent être supprimés à la représentation.

3

PREMIÈRE DAME, *contemplant* TAMINO
Il est charmant, ce jouvenceau !

DEUXIÈME DAME, *même jeu*
Jamais je n'en vis un plus beau !

TROISIÈME DAME, *même jeu*
En vérité, il est charmant !

LES TROIS DAMES
Ah ! si mon cœur devait aimer,
C'est lui qu'il choisirait !
Allons retrouver notre Reine.
Courons vers notre souveraine !
Peut-être ce garçon charmant
Saura calmer son noir tourment ?

PREMIÈRE DAME
Allez et dites-lui...
Je vous attends ici.

SECONDE DAME
Non, non, allez vous-mêmes !
Je veillerai sur lui.

TROISIÈME DAME
Non, non je n'irai pas !
C'est moi qui resterai !

PREMIÈRE DAME
Moi, je le garderai !

SECONDE DAME
Moi, je resterai !

TROISIÈME DAME
Moi seule resterai !

PERMIÈRE DAME
Moi seule !

SECONDE DAME
Moi seule !

TROISIÈME DAME
Moi seule !

LES TROIS DAMES
Moi ! Moi ! Moi !
Partir d'ici ! Ah ! ah !
Non, non ! Jamais !
Les laisser seules près de lui, auprès de lui....

4

Non ! non ! non ! non ! Jamais ! jamais ! ...
J'aimerais bien sans qu'on m'en prie.
Passer auprès de lui ma vie !
Si je pouvais, seule avec lui...
Mais je ne puis. *(aux deux autres)* Partez d'ici !...
Puisqu'il le faut, je vais partir...
·Charmant jeune homme, ô mon amour *(bis)*,
Adieu, jusqu'au revoir ! *(bis)*.

> *(Elles s'éloignent à gauche.)*

## SCÈNE III

### TAMINO, seul

TAMINO *(s'éveillant)*. Où suis-je ? Est-ce que je rêve ? *(Il se lève et regarde avec crainte autour de lui)*. Mais non ! Voilà cet affreux serpent étendu mort à mes pieds. *(On entend à droite le son d'une flûte rustique)*. Qu'entends-je ? Où suis-je ? En quel lieu inconnu ?... Ah ! voilà un homme qui vient par ici... *(Tout en l'observant, il se retire à gauche)*.

## SCÈNE IV

PAPAGUÉNO, habillé de plumes, portant sur le dos une grande cage pleine d'oiseaux divers, qui dépasse de beaucoup sa tête, arrive rapidement du côté droit. Il tient une flûte de Pan à la main.

### Nº 2. *Lied.*

### PAPAGUÉNO

C'est l'oiseleur, oui, me voilà !
C'est lui, et youp et youp la, la !
Connu de tous, grands et petits,
On m'aime dans tout le pays.
Je sais attirer les oiseaux
Et l'art de lancer les appaux.
Oiseaux des bois, oiseaux des champs,
Joyeusement ma main les prend.
*(Il joue de la flûte, puis dépose sa cage.)*
Des oiseleurs je suis, ouida,
Le plus gai, et youp, et youp la, la !
Fêté par tous, grands et petits.
On m'aime dans tout le pays.
Mais, filles chères à mon cœur,
C'est vous que guette l'oiseleur.
Si j'avais un grand filet, ma foi !
Fillettes, vous seriez à moi !

Je remplirais bien volontiers
De belles filles mes paniers !
J'aurais pour les apprivoiser

Du sucre d'orge en quantité,
Et celle dont les jolis yeux
A mon cœur aurait plu le mieux,
Pour femme je la choisirais,
Et tendrement je l'aimerais !

*(Il joue de la flûte et se dirige vers la gauche pour sortir.)*

## SCÈNE V

### TAMINO, PAPAGUÉNO

TAMINO, *allant à sa rencontre.* Holà !

PAPAGUÉNO. Qu'y a-t-il ?

TAMINO. Dis-moi, qui es-tu, joyeux compagnon ?

PAPAGUÉNO. Qui je suis ? *(à part)* Sotte question ! *(haut)* Je suis un homme comme toi. Si je te demandais aussi qui tu es ?

TAMINO. Je te répondrais que je suis un prince de sang royal.

PAPAGUÉNO. Ce que tu dis dépasse mon intelligence. Explique-toi plus clairement si tu veux que je te comprenne.

TAMINO. Mon père est un souverain qui règne sur beaucoup de pays et d'hommes ; c'est pourquoi l'on m'appelle prince.

PAPAGUÉNO. Des pays ? Des hommes ? Un prince ?

TAMINO. C'est pourquoi je te demande...

PAPAGUÉNO. Doucement ! Laisse-moi te questionner. Y a-t-il dis-moi, en dehors de ces montagnes, d'autres pays et d'autres hommes ?

TAMINO. Des milliers !

PAPAGUÉNO. Mais alors, je leur vendrai mes oiseaux ! Bonne affaire !

TAMINO. Dis-moi enfin, dans quel pays sommes-nous ?

PAPAGUÉNO. Dans quel pays ? *(Il regarde autour de lui).* Au milieu de vallées et de montagnes.

TAMINO. Je le vois bien. Mais quel est le nom de ce pays ? Qui en est le souverain ?

PAPAGUÉNO. Je n'en sais rien, pas plu que je ne puis dire comment je suis venu au monde.

TAMINO. *riant.* Comment ? Tu ignores où tu es né et quels furent tes parents ?

PAPAGUÉNO. Je n'en ai aucune idée ! Tout ce que je sais, c'est qu'un vieil homme, mais un joyeux compère, m'a élevé et nourri.

TAMINO. C'était probablement ton père ?

PAPAGUÉNO. Je n'en sais rien.

TAMINO. N'as-tu pas connu ta mère ?

PAPAGUÉNO. Je ne l'ai pas connue. On m'a souvent raconté qu'elle servait dans ce château mystérieux qui est là, chez la Reine des Étoiles. J'ignore si elle vit encore. Tout ce que je sais, c'est que, non loin d'ici, est ma chaumière qui m'abrite de la pluie et du froid.

6

TAMINO. Mais, comment vis-tu ?

PAPAGUÉNO. En mangeant et en buvant, comme tout le monde.

TAMINO. Et comment te procures-tu ce dont tu as besoin ?

PAPAGUÉNO. Par échange. Je prends des oiseaux pour la Reine des Étoiles et ses suivantes ; en retour, elles me donnent tous les jours à boire et à manger.

TAMINO, à part. La Reine des Étoiles ?... [Si c'était la puissante Reine de la Nuit ?] *(Haut)*. Dis-moi, mon ami, as-tu déjà été assez heureux pour la voir, cette Déesse de la Nuit ?

PAPAGUÉNO *qui, depuis quelques instants, a soufflé dans sa flûte à plusieurs reprises.* [Cette] sotte question [me prouve que tu n'es pas du pays.

TAMINO. Ne te fâche pas, cher ami. Je pensais que....

PAPAGUÉNO. La voir ?... Voir la Reine des Étoiles ! Ne t'avise pas de me le redemander ! sinon, je t'empoigne, aussi vrai que je m'appelle Papaguéno ! Je t'enferme comme un linot dans ma cage, je te vends à la Reine de la Nuit et à ses suivantes ; et, ma foi, elles te feront rôtir ou bouillir à leur gré.

TAMINO, à part. Quel homme singulier !]

PAPAGUÉNO. La voir ? Voir la Reine des Étoiles ? Quel mortel peut se vanter de l'avoir vue ? [Quel regard pourrait pénétrer son voile noir ?]

TAMINO, à part. Il n'y a plus de doute ; c'est elle, cette Reine de la Nuit, dont mon père m'a si souvent parlé. [Je ne m'explique pas comment j'ai pu m'égarer ainsi. Cet homme-là n'est certainement pas comme les autres, — peut-être est-il un des serviteurs de la Reine ?]

PAPAGUÉNO, à part. Comme il me regarde fixement ! Je commence à avoir peur de lui. *(Haut, à* TAMINO.*)* Pourquoi me regardes-tu ainsi ?

TAMINO. Parce que je me demande si tu es un être humain.

PAPAGUÉNO. Comment cela ?

TAMINO. Tu as des plumes ! Tu n'es donc qu'un.... *(Il s'approche de lui.)*

PAPAGUÉNO. Qu'un oiseau ? N'approche pas de moi ! Méfie-toi ! Car je suis fort comme un géant. [Quand j'empoigne quelqu'un...] *(A part.)* S'il n'a pas peur de moi tout de suite, je me sauve !

TAMINO. [Comme un géant ?] *(Il regarde le serpent.)* Serait-ce toi qui m'as sauvé la vie en tuant ce serpent ?

PAPAGUÉNO. Le serpent ? *(Il regarde autour de lui et recule de quelques pas, en tremblant.)* [Qu'est cela ?] Est-il mort ou vivant ?

TAMINO. Oh ! pourquoi te dérober ainsi à mes remerciements ? Je te serai éternellement reconnaissant de ton acte de courage.

PAPAGUÉNO. Ne parlons pas de cela. Réjouissons-nous de ce que le serpent soit mort.

TAMINO. Mais, je t'en supplie, l'ami, dis-moi comment tu as fait pour vaincre ce monstre ? Tu n'as pas d'armes !

PAPAGUÉNO. Je n'en ai que faire ! Pour serrer fortement, mes mains n'ont pas besoin d'armes.

TAMINO. Tu l'as *étranglé ?*

PAPAGUÉNO. Étranglé ! *(A part.)* De ma vie, je n'ai jamais été aussi fort qu'aujourd'hui !

### SCÈNE VI

LES MÊMES. LES TROIS DAMES voilées apparaissent à gauche ; la première porte une cruche pleine d'eau ; la seconde, une pierre ; la troisième, un cadenas et un médaillon contenant un portrait.

LES TROIS DAMES, *immobiles.* Papaguéno !

PAPAGUÉNO. Ah ! bien ! On m'appelle ! *(A mi-voix, à* TAMINO.*)* Laisse-nous, ami.

TAMINO, *à mi-voix.* Quelles sont ces Dames ?

PAPAGUÉNO, *à mi-voix.* Je n'en sais trop rien. Tout ce que je puis te dire, c'est que je leur livre chaque jour mes oiseaux et qu'elles me donnent en échange du vin, des gâteaux et des figues.

TAMINO, *à mi-voix.* Elles ont l'air bien jolies.

PAPAGUÉNO, *de même.* Ce n'est pas mon avis ; si elles l'étaient, elles ne se voileraient pas le visage.

LES TROIS DAMES, *se rapprochant et menaçantes.* Papaguéno !

PAPAGUÉNO, *à demi-voix, à Tamino.* Laisse-moi faire ! Eh ! qu'ont-elles donc contre moi ? *(Haut.)* Tu me demandes si elles sont jolies ? Que te répondrai-je, sinon, que de ma vie, je n'ai vu créatures plus ravissantes. *(A part.)* Mon compliment va les adoucir !

LES TROIS DAMES, *se rapprochant encore, plus menaçantes.* Papaguéno !

PAPAGUÉNO, *à part.* Qu'ai-je fait de mal aujourd'hui, pour qu'elles soient aussi courroucées contre moi ? *(Il leur offre sa cage.)* Tenez, mes charmantes, voici mes oiseaux.

LES TROIS DAMES *se placent entre* PAPAGUÉNO *et* TAMINO.

LA PREMIÈRE DAME, *tendant à* PAPAGUÉNO *la cruche pleine d'eau.* Pour tes oiseaux, notre maîtresse t'envoie aujourd'hui, pour la première fois, de l'eau claire au lieu de vin pur. ·

LA DEUXIÈME DAME, *prenant la place de la première.* Et moi j'ai reçu l'ordre de te donner ce caillou au lieu de gâteau. *(Elle lui présente la pierre.)* Grand bien t'en fasse !

PAPAGUÉNO. Quoi ? Dois-je manger ce caillou ?

LA TROISIÈME DAME, *prenant la place de la deuxième.* A la place des figues succulentes, voici un cadenas d'or que j'ai l'honneur de te mettre à la bouche. *(Elle lui suspend le cadenas à la bouche.)*

PAPAGUÉNO *exprime son désespoir par des gestes.*

LA PREMIÈRE DAME. [Peut-être désires-tu savoir pourquoi] la Reine te punit avec tant de rigueur ?...

[PAPAGUÉNO *fait des signes d'assentiment avec la tête.*]

LA DEUXIÈME DAME. [C'est] pour qu'à l'avenir, tu ne dises plus de mensonges aux étrangers.

LA TROISIÈME DAME. Et pour que tu ne te vantes pas de hauts faits que d'autres auront accomplis.

LA PREMIÈRE DAME. Dis, est-ce toi qui a vaincu le serpent ?

PAPAGUÉNO *fait signe que non de la tête.*

LA TROISIÈME DAME. Qui est-ce alors ?

PAPAGUÉNO *fait signe qu'il n'en sait rien.*

LA TROISIÈME DAME, *à* TAMINO. C'est nous, jeune homme, qui t'avons sauvé. [Ne tremble pas : la joie et le bonheur t'attendent.] Vois ce portrait que t'envoi notre puissante Reine ; c'est celui de sa fille. *(Elle le lui remet.)* Puisse-t-il, a-t-elle dit, ne pas le laisser insensible, et le bonheur, la gloire et les honneurs seront sa récompense. Au revoir !

LA DEUXIÈME DAME. Adieu, Monsieur Papaguéno !

LA DEUXIÈME ET LA TROISIÈME DAMES *prennent la cage et sortent à gauche.*

LA PREMIÈRE DAME. Surtout, ne bois pas trop ! *(Elle suit les autres en riant.)*

PAPAGUÉNO *muet et confus, sort rapidement à droite.*

TAMINO *reste.*

## SCÈNE VII
### Tamino, seul, contemplant le portrait.
#### N° 3. *Air.*
#### TAMINO

O charme, ô pure enchantement !
Image à moi seule révélée !
Mon âme, dans un rêve heureux,
Se berce et voit s'ouvrir les cieux !
L'ardeur soudaine qui m'enflamme,
L'émoi qui vient troubler mon âme,
Est-ce le signe de l'amour ?...
Oh ! oui, oh ! oui, ce feu, c'est bien l'amour !...
Puisse l'amour qui vient de naître
A mes yeux la faire apparaître !
J'hésite, je tremble... Transporté d'ivresse,
Ah ! que ne puis-je en ta présence
Exprimer ma douce espérance !
Oh ! viens ! sois pour toujours à moi !

*(Il veut s'éloigner.)*

## SCÈNE VIII
### Tamino, à gauche au premier plan. Les trois Dames, venant de gauche, se placent à droite de Tamino.

LA PREMIÈRE DAME. Arme-toi de courage et de constance, jeune homme ! Notre Reine...

LA DEUXIÈME DAME. M'a chargé de te dire...

LA TROISIÈME DAME. Que ton bonheur, à présent, était assuré.

La première dame. Elle a entendu chacune de tes paroles ; elle a...

La deuxième dame. Lu sur ton visage. Et même, son cœur maternel...

La troisième dame. A résolu de te rendre le plus heureux des mortels. « Que ce jeune homme, a-t-elle dit, ait autant de courage et de vaillance qu'il a montré de cœur, et ma fille est sauvée. »

Tamino. Sauvée ? Quel est ce mystère encore ? Qu'entends-je ? Celle dont le portrait...

La première dame (1). A été ravie à sa mère par un puissant et méchant génie.

[Tamino. Ravie ? O dieux !... Est-ce possible ?

La première dame. Elle était assise, seule, par une belle journée. du mois de mai, dans le bois de cyprès, son séjour préféré. Le misérable s'y est glissé inaperçu derrière elle...

La deuxième dame. Il l'a épiée...

La troisième dame. Car il n'est pas seulement méchant, mais il a le pouvoir de prendre n'importe quelle forme imaginable : et c'est de cette façon que Pamina...

La première dame. Ainsi s'appelle la fille de la Reine, que tu adores.

Tamino. O Pamina ! Toi, m'être ravie !... toi, tombée au pouvoir d'un tel scélérat ! Peut-être en ce moment, es-tu déjà... effroyable pensée !...

Les trois dames. Arrête, jeune homme.

La première dame. Ne soupçonne pas la vertu de cette beauté ! Malgré toutes les souffrances qu'endure son innocence, elle est restée pure. Elle ne succombera ni à la séduction ni à la violence.

Tamino. Oh ! dites-moi où demeure ce tyran ?

La deuxième dame. Tout près de nos montagnes. Dans une vallée agréable et charmante ; son château est superbe et bien gardé.]

Tamino. Venez, femmes, conduisez-moi... Je veux sauver Pamina ! [Le misérable tombera sous mes coups,] je le jure par mon amour, par mon cœur ! (*Coup de tonnerre. Tout devient sombre.*)

Tamino. Dieux ! Qu'arrive-t-il ?

Les trois dames. Remets-toi !

La première dame. Ceci annonce l'arrivée de notre Reine. (*Coup de tonnerre plus fort.*)

Les trois dames. La voici ! (*Violent coup de tonnerre. Changement à vue.*)

---

(1) Variante : « Pamina, — c'est le nom de la princesse, a été ravie, », etc.

## II<sup>e</sup> TABLEAU

Les montagnes s'entr'ouvrent, on voit un ciel bleu étoilé, au milieu duquel apparaît la Reine de la Nuit, sur un trône semé d'étoiles. Beau clair de lune.

## SCÈNE IX

LA REINE DE LA NUIT, debout, devant son trône. LES TROIS DAMES vont prendre place derrière elle. TAMINO, en s'avançant, se trouve placé à la droite de LA REINE. LA REINE s'avance en même temps que TAMINO.

### N° 4. *Récitatif et Air.*

#### LA REINE DE LA NUIT

Ne tremble pas, ô cher enfant !
Ton esprit ferme est juste, bon.
De mon cœur maternel, toi seul, sur terre,
Toi seul pourras calmer la peine amère !

Je pleure ma fille chérie,
Hélas ! pour moi plus de bonheur !
Plus rien ne m'attache à la vie *(bis.)*
Un traître vil me l'enleva.
Je vois encor ma fille,... tremblante... de crainte...
D'angoisse brisée... sans force ni défense !...
J'entends sa voix plaintive et tendre
Criant : « Pitié »!... Elle se tut soudain !
Je vis le monstre me la prendre...
Depuis ce jour, je pleure en vain !

C'est toi seul qui pourras me la rendre !
Sois d'une mère le vengeur ! oui !
Sois de ma fille le sauveur...
Reviens vainqueur, je te le jure :
Elle sera toujours à toi, toujours à toi !...
*(Elle retourne vers son trône. Violent coup de tonnerre.*

TAMINO, *ému, reste au premier plan.)*

## III<sup>e</sup> TABLEAU

Les montagnes se referment, il fait jour. Décor du premier tableau.

## SCÈNE X

TAMINO, seul.

TAMINO, *après un silence.* Qu'ai-je vu ? Est-ce un rêve ? [Suis-je le jouet de mes sens égarés ?] Dieux bons ! ne me trompez-pas ! [Je succomberais à cette nouvelle épreuve. Guidez mon bras, raffermissez mon courage, et le cœur de Tamino sera toujours rempli de reconnaissance pour vous.] *(Il se dirige vers la gauche pour sortir.)*

PAPAGUÉNO *vient au-devant de lui.*

11

## SCÈNE XI
### TAMINO, PAPAGUÉNO à sa droite.

#### N° 5. *Quintette.*

PAPAGUÉNO, *penaud, montrant le cadenas attaché à sa bouche.*
Hm! hm! hm! hm! hm! hm! hm! hm!

#### TAMINO

Il est puni pour son mensonge.
Le malheureux n'a plus de voix.

#### PAPAGUÉNO

Hm! hm! hm! hm! hm! hm! hm! hm!

#### TAMINO.

Je ne puis rien, sinon te plaindre,
Hélas! je ne puis rien pour toi!
Je suis trop faible pour t'aider!

#### PAPAGUÉNO

Hm! hm! hm! hm! hm! hm!...
*(Les TROIS DAMES entrent, à gauche; la première porte une Flûte et un Glockenspiel.)*


## SCÈNE XII
### LES MÊMES. LES TROIS DAMES se placent entre TAMINO et PAPAGUÉNO.

#### PREMIÈRE DAME à PAPAGUÉNO

La Reine te pardonne,
*(Elle lui enlève le cadenas de la bouche.)*
Et te délivre par ma main.

#### PAPAGUÉNO

Merci, je puis parler enfin!

#### SECONDE DAME

Mais jure de ne plus mentir!

#### PAPAGUÉNO .

Jamais, je ne mentirai plus.

#### LES TROIS DAMES

Rappelle-toi ce cadenas!

#### TOUS

Si des menteurs, la race immonde,
Devait porter ce cadenas
Le mal disparaissant du monde
A l'Amour céderait le pas.

**PREMIÈRE DAME** *à* **TAMINO**, *en lui donnant le Flûte d'or.*

O Prince, accepte cette flûte,
De notre Reine le présent.
Que cette Flûte aux sons magiques
Te soit partout un talisman.
Par elle, tu seras puissant.
Son charme agit sur tous les êtres.
Tes peines apaiseras
Et les méchants humilieras.
Oui ! par cette Flûte
Tous les désirs, les vœux seront comblés.
Et le bonheur par elle
A tous est assuré.

**PAPAGUÉNO**

Maintenant, ô belles Dames,
Puis-je m'en aller enfin ?

**LES TROIS DAMES**

Aie un peu de patience !
Notre Reine va bientôt
T'envoyer avec le Prince,
Au château de Zarastro.

**PAPAGUÉNO**

Grand merci, je ne tiens pas
A paraître devant lui.
N'avez-vous pas dit vous-mêmes
Que s'il me voyait paraître,
Ce Zarastro sans vergogne
Me ferait plumer et cuire
Et dévorer par ses chiens ?

**LES TROIS DAMES**

Sur toi le Prince veillera.
Tu lui serviras d'écuyer.

**PAPAGUÉNO**

Le diable emporte votre Prince !
Moi, je tiens à ma peau !
Il pourrait bien, sur mon honneur,
Me planter là, comme un voleur !

**PREMIÈRE DAME**, *donnant à* **PAPAGUÉNO** *la cassette qui contient le Glockenspiel.*

Prends ce trésor, il est à toi.

**PAPAGUÉNO**

Ah ! Ah ! Que vois-je là ?

### LES TROIS DAMES
Ce sont de sonores clochettes.

### PAPAGUÉNO
Et pourrai-je en jouer moi-même ?

### LES TROIS DAMES
Tú le pourras certainement.

### ENSEMBLE
Ces clochettes, cette flûte
Vous préservent dans la lutte !
Au revoir ! Séparons-nous.

*Elles s'éloignent vers la gauche,* TAMINO *et* PAPAGUÉNO *vers la droite, puis revenant.)*

### TAMINO
Mais, belles Dames, dites-nous...

### PAPAGUÉNO
Qui nous montrera le chemin ?

### TAMINO ET PAPAGUÉNO
Ah ! dites-nous qui nous montrera le chemin ?

### LES TROIS DAMES, *revenant*
Trois beaux enfants, charmants et sages,
Vous guideront dans vos voyages.
Avec courage suivez leúr pas,
Et leurs avis n'oubliez pas !

### TAMINO ET PAPAGUÉNO
Trois beaux enfants, charmants et sages,
Nous guideront dans nos voyages.

### LES TROIS DAMES
Avec courage suivez leurs pas,
Et leurs avis n'oubliez pas !

### TAMINO ET PAPAGUÉNO
Séparons-nous, jusqu'au revoir !
Adieu ! Adieu ! jusqu'au revoir !

### ENSEMBLE
Adieu, adieu, jusqu'au revoir !

*(Les* TROIS DAMES *sortent à gauche,* TAMINO *et* PAPAGUÉNO, *à droite. —* Rideau.)

[FIN DU PREMIER ACTE DANS LES REPRÉSENTATIONS EN QUATRE ACTES].

# [ACTE II]

## IVᵉ TABLEAU

La chambre de Pamina, dans le palais de Zarastro, de style égyptien. Elle est richement meublée. Au fond et au milieu, une porte. A droite, au premier plan, un guéridon et une ottomane.

## [SCÈNE XIII

DEUX ESCLAVES apportent de riches coussins, puis une magnifique table orientale et d'épais tapis. Un TROISIÈME ESCLAVE suit.

TROISIÈME ESCLAVE. Ha! ha! ha!

PREMIER ESCLAVE. Pst! Pst!

DEUXIÈME ESCLAVE. Pourquoi ris-tu?

TROISIÈME ESCLAVE. Notre bourreau, ce Maure qui nous épie tous, sera sûrement pendu ou empalé demain... Pamina! Hahaha!...

PREMIER ESCLAVE. Eh bien?...

TROISIÈME ESCLAVE. La belle enfant!... Hahaha!...

DEUXIÈME ESCLAVE. Eh bien, quoi '

TROISIÈME ESCLAVE. Elle s'est évadée!

PREMIER ET DEUXIÈME ESCLAVES. Évadée?

PREMIER ESCLAVE. Sauvée?

TROISIÈME ESCLAVE. Bien sûr! C'est là mon vœu le plus sincère.

PREMIER ESCLAVE. Oh! merci! Dieux bons! vous avez entendu ma prière!

TROISIÈME ESCLAVE. Ne vous ai-je pas toujours dit qu'un jour viendrait pour nous où nous serions vengés et que le vilain Monostatos serait puni?

DEUXIÈME ESCLAVE. Que dit le Maure de cette histoire?

PREMIER ESCLAVE. Car il doit la savoir?

TROISIÈME ESCLAVE. Naturellement! Elle s'est sauvée sous ses yeux. Au dire de quelques-uns de nos frères qui travaillaient dans le jardin, et qui ont tout vu et entendu de loin, le Maure est sûr de son affaire; même si les serviteurs de Zarastro arrivaient à reprendre Pamina....

PREMIER ET DEUXIÈME ESCLAVES. Comment cela?

TROISIÈME ESCLAVE. Tu connais ce bouffi plein de luxure et ses façons. Mais la jeune fille a été plus fine que je ne croyais. Au moment où il pensait arriver à ses fins, elle a appelé Zarastro : ce nom a troublé le Maure qui est resté immobile et muet; et pendant ce temps, ...Pamina a couru vers le canal et s'est jetée dans une gondole. Elle a pu gagner le petit bois de palmiers.]

## [SCÈNE XIV

LES MÊMES, LA VOIX DE MONOSTATOS, au dehors.

MONOSTATOS. Holà! Esclaves!

PREMIER ESCLAVE. La voix de Monostatos!

15

Monostatos, *dehors.* Holà ! Esclaves ! apportez des fers !

Les trois esclaves. Des fers ?

Premier esclave, *courant vers la porte du milieu.* Pas pour Pamina, je pense ? *(Regardant au dehors.)* O dieux ! voyez, mes frères, on l'a rattrapée, la malheureuse !

Deuxième et troisième esclave, *regardant au dehors.* Pamina ! Terrible spectacle !

Premier esclave. Voyez comme ce démon impitoyable lui tord ses tendres mains.... Je ne puis supporter cette vue ! *(Il sort en courant, à gauche.)*

Deuxième esclave, *le suivant.* Ni moi non plus.

Troisième esclave, *de même.* Voir cela est un vrai supplice d'enfer !]

## SCÈNE XV

**Monostatos, Pamina, Esclaves** au milieu et au fond.

### Nº 6. *Trio.*

Monostatos, *entraînant* Pamina *avec violence.*

Douce colombe, sois à moi !

PAMINA *(à sa gauche)*

Ah ! quel martyre, quel affront !

MONOSTATOS

C'en est fait de ta vie !

PAMINA

La mort me fait envie,
Mais de ma mère prends pitié !
Épargne-lui ce nouveau tourment !

MONOSTATOS

Esclaves, qu'on l'enchaîne.
*(Les* Esclaves *se précipitent pour saisir* Pamina.*)*
Succombe sous ma haine.

PAMINA

Prends-moi plutôt la vie !
Si rien, barbare, ne t'émeut !

MONOSTATOS

Sortez, sortez ! Laissez-nous seuls ici !

*(Les* Esclaves *sortent par le milieu, emportant les fers.* Papaguéno *apparaît à la même porte, sans être remarqué de* Monostatos, *qui contemple* Pamina *en silence.)*

16

### PAPAGUÉNO

Où suis-je donc ? *(bis).*
Mais... voici du monde...
Tant pis ! je vais entrer. *(Il s'approche.)*
O belle et jeune enfant,
Plus blanche que la cire !

*(MONOSTATOS, en se retournant, fait peur à PAPAGUÉNO, et réciproquement.)*

### MONOSTATOS ET PAPAGUÉNO

Hou ! c'est le diable assurément !

*(Ils se sauvent tous deux, en se regardant à la dérobée, vers la porte du fond ; ils se bousculent et s'enfuient de côtés opposés.)*
Pitié ! Épargne-moi ! *(bis)*
Hou ! hou ! hou ! *(bis)*

## SCÈNE XVI

### PAMINA, seule, s'éveillant.

PAMINA, *parlant comme dans un rêve.* Mère ! Mère ! Mère ! *(Elle revient à elle et regarde tout autour.)* Quoi ? Mon cœur bat encore ? [Il n'est pas encore anéanti ?] Revient-il à la vie pour souffrir encore ? C'est trop cruel pour moi !... Plutôt la mort !

PAPAGUÉNO, *qui est arrivé à pas étouffés, l'observe en se tenant au milieu de la scène.*

## SCÈNE XVII

### PAMINA, PAPAGUÉNO, à sa gauche.

PAPAGUÉNO. Étais-je assez bête de me laisser effrayer ainsi ? Il y a des oiseaux noirs par le monde, il peut bien y avoir des hommes noirs ! *(Apercevant PAMINA.)* Hé, que vois-je ? Notre belle princesse est encore ici. *(A PAMINA.)* Noble fille de la Reine de la Nuit...

PAMINA, *se levant.* La Reine de la Nuit ?... Qui donc es-tu ?

PAPAGUÉNO. Un envoyé de la Reine qu'entourent les étoiles.

PAMINA, *avec joie.* De ma mère ? Quel bonheur ! Quel est ton nom ?

PAPAGUÉNO. Papaguéno.

PAMINA. Papaguéno ? Papaguéno ? Je me rappelle avoir souvent entendu ce nom, mais je ne t'ai jamais vu.

PAPAGUÉNO. Je ne te connais pas davantage.

[PAMINA. Ainsi tu connais ma mère bien-aimée ?

PAPAGUÉNO. Si tu es la fille de la Reine de la Nuit, — oui.]

PAMINA. C'est bien moi.

PAPAGUÉNO. Je vais m'en assurer tout de suite. *(Il la compare au portrait que Tamino lui a confié, et qu'il porte pendu au cou par un ruban.)* Yeux bleus... ils sont bleus ; lèvres roses... les lèvres sont roses ; cheveux blonds... c'est cela, cheveux blonds. Tout est exact, sauf pour les mains et les pieds : d'après le portrait, tu ne devrais avoir ni pieds ni mains, puisqu'ils n'y sont pas représentés.

[PAMINA. Permets.]

PAPAGUÉNO *lui montre le portrait.*

PAMINA. C'est bien moi ; mais, comment ce portrait est-il venu entre tes mains ?

PAPAGUÉNO. Ce serait trop long à te raconter ; il a passé de main en main.

PAMINA. Mais comment dans la tienne ?

PAPAGUÉNO. D'une façon étonnante. [Je l'ai pris... comme un oiseau.

PAMINA. Pris ?

PAPAGUÉNO. Il faut que je te raconte cela tout au long]. Ce matin, comme d'habitude, je me rendais au palais de ta mère pour lui livrer mes oiseaux...

PAMINA. Pour lui livrer ?...

PAPAGUÉNO. Oui ; depuis des années, c'est moi qui apporte à ta mère et à ses suivantes tous ces jolis oiseaux... J'étais occupé à leur remettre mes oiseaux, lorsque je vis devant moi un personnage, qui se faisait appeler prince. Ce prince a su plaire à ta mère au point qu'elle lui a fait cadeau de ton portrait, en lui ordonnant de courir à ta délivrance. Son ardeur à exaucer ce désir fut aussi prompte que la naissance de son amour pour toi.

PAMINA. Son amour ! *(Joyeuse.)* M'aime-t-il vraiment ? Oh ! dis-moi encore qu'il m'aime ; il est si doux d'entendre ce mot d'amour.

PAPAGUÉNO. Je n'en doute pas. Cela est bien naturel pour une jeune fille. — De quoi te parlais-je ?

PAMINA. D'amour.

[PAPAGUÉNO. C'est cela, d'amour. Quelle mémoire j'ai ! Bref, ce grand amour pour toi a été le coup de fouet qui nous a mis en route. Nous sommes donc arrivés ici promptement, pour te dire mille choses agréables, te prendre dans nos bras, et si cela est possible, te ramener, plus vite encore, dans le palais de ta mère.

PAMINA. Tout cela est fort bien, cher ami, mais si ce jeune homme inconnu, ce Prince comme on l'appelle, a pour moi de l'amour, pourquoi tarde-t-il tant à venir me délivrer de mes fers ?

PAPAGUÉNO. C'est là le hic ! Quand nous avons pris congé des trois jeunes dames, elles nous ont dit que trois beaux enfants nous serviraient de guides et nous indiqueraient ce qu'il faudrait faire.

PAMINA. Ils vous l'ont dit ?

18

PAPAGUÉNO. Ils ne nous ont rien dit, car nous n'en avons pas vu un seul. Mais le Prince a été assez avisé pour m'envoyer en éclaireur t'annoncer notre arrivée.] (1)

PAMINA. Ami, tu as joué gros jeu ; si Zarastro te voyait ici...

PAPAGUÉNO. Il m'épargnerait le voyage de retour, [c'est probable !

PAMINA. Tu périrais au milieu des souffrances les plus atroces.

PAPAGUÉNO. Pour l'éviter, nous pourrions fuir à temps.]

PAMINA. Quelle heure indique le soleil ? Le soleil n'approche-t-il pas de midi ?

PAPAGUÉNO. Il en est proche.

PAMINA. Nous n'avons donc pas une minute à perdre. C'est l'heure à laquelle Zarastro a l'habitude de revenir de la chasse.

PAPAGUÉNO. Zarastro, dis-tu, est absent ? Mais alors, nous avons gagné la partie. Viens, belle princesse, tu ouvriras de grands yeux quand tu verras le beau jeune homme.

PAMINA. [Eh bien ! essayons de fuir.] *(Ils font quelques pas, puis* PAMINA *se retourne.)* Mais, si tout cela n'était qu'un piège ? Si tu n'étais qu'une méchante créature de Zarastro. *(Elle le regarde avec méfiance.)*

PAPAGUÉNO. Moi ? A quoi penses-tu ? Je suis la meilleure créature de la terre.

[PAMINA. Mais non, ce portrait me convainc ; il n'y a pas de doute, il vient de ma bonne mère.

PAPAGUÉNO. Belle demoiselle, si jamais vous deviez avoir encore l'affreux soupçon que je pourrais être un traître, pensez fortement à l'amour, et vous ne douterez plus.]

PAMINA. Pardonne-moi, ami, si je t'ai offensé. Je vois [à chacun de tes traits] que tu as un cœur d'or.

PAPAGUÉNO. Je le sais bien que j'ai un cœur d'or, mais à quoi cela me sert-il ? Je voudrais parfois, de désespoir, m'arracher toutes mes plumes, quand je pense que Papaguéno n'a pas encore sa Papaguéna.

PAMINA. Pauvre homme ! Tu n'as donc pas de femme ?

PAPAGUÉNO. Pas même une amie ! Comment aurais-je une femme ? Oui, cela est triste. Un homme de ma condition voudrait bien aussi avoir du bon temps.

[PAMINA. Patience, ami. La Providence ne t'oubliera pas, et t'enverra une amie, plus tôt que tu ne le penses.

PAPAGUÉNO. Pourvu que ce soit bientôt !]

### N° 7. *Duo.*

#### PAMINA

Au cœur de l'homme qu'il enflamme,
L'Amour enseigne la Bonté.

---

(1) Variante : « Eh ! bien, le Prince t'aime éperdument et il m'envoie pour t'annoncer son arrivée ».

## PAPAGUÉNO

Aimer qui l'aime est pour la femme,
De ses devoirs le plus sacré.

## ENSEMBLE

Nous ne vivons que par l'amour.
Que l'Amour règne en nous toujours !

## PAMINA

L'Amour à toute créature
Partout impose son tribut.

## PAPAGUÉNO

Il est la voix de la Nature.
Sa loi suprême et le salut.

## ENSEMBLE

Au monde il donne le bonheur,
Le couple humain est sa splendeur !
Seul l'Amour nous rend heureux,
Il nous fait pareils aux dieux !

*(Ils sortent par la porte du milieu.)*

## Vᵉ TABLEAU

Bois sacré, dans lequel se trouvent trois Temples. Celui du milieu, le plus grand, porte l'inscription : *Temple de la Sagesse*. Sur le Temple de gauche on lit : *Temple de la Raison*. Sur le troisième, à droite : *Temple de la Nature*. Les trois Temples sont reliés par des colonnades.

## SCÈNE XVIII

LES TROIS ENFANTS viennent par la droite, portant des palmes argentées ; ils accompagnent TAMINO, qui porte la Flûte attachée à son cou.

### Nº 8. *Finale.*

## LES TROIS ENFANTS

Au but ce long sentier conduit :
Tout droit suis-le sans défaillance,
A nos paroles obéis :
Silence, force et constance.

## TAMINO

Jeunes enfants, répondez-moi :
Retrouverai-je Pamina ?

### LES TROIS ENFANTS
Ton seul courage est ton soutien.
Silence, force et constance.
Ne tremble pas, suis ton chemin.
Car ton salut c'est la prudence !
*(Les* TROIS ENFANTS *sortent à droite, à l'avant-scène.)*

## SCÈNE XIX
#### TAMINO seul, DES VOIX.

#### TAMINO
Que leur sagesse soit gravée
A tout jamais dans ma pensée...
Où suis-je donc ? Que vais-je voir ?
Ces trois palais, aux dieux voués,
Ces hautes colonnes, ces portes altières,
Indiquent le séjour des Arts des Sciences.
Où vit la Sagesse, où trône l'Esprit,
Le vice succombe, le mal est proscrit.
*(Il se dirige vers le Temple de gauche.)*
Sans crainte, ces portes, je vais les ouvrir ;
Mon cœur est sincère et noble ma tâche.
Frapper ce lâche scélérat !
Pamina libre !
C'est mon devoir !
*(Il s'est rapproché du Temple de droite.)*

DES VOIX, *à l'intérieur du Temple.*
Arrière !

#### TAMINO
Arrière ! arrière ! Qu'une autre porte s'ouvre !
*(Il se dirige vers le Temple de gauche.)*

DES VOIX
Arrière !

#### TAMINO
Eh ! quoi ? ne puis-je entrer ?
Voici mon dernier espoir :
Frappons au Temple du milieu !
*(Il se dirige vers le Temple du milieu. La porte s'ouvre.* UN PRÊTRE
*à la barbe et aux cheveux blancs s'avance vers lui.)*

## SCÈNE XX
#### LE PRÊTRE, TAMINO à sa gauche.

#### LE PRÊTRE
Étranger téméraire,
Sur ces parvis que cherches-tu ?

#### TAMINO

Mon bien : l'Amour et la Vertu !

#### LE PRÊTRE

Noble dessein ! Mais, réponds-moi :
Comment veux-tu les conquérir ?
Tu n'as d'amour ni de vertu.
La haine règne dans ton âme !

#### TAMINO

La haine contre les méchants !

#### LE PRÊTRE

Il n'en est point dans nos demeures.

#### TAMINO

Ici Zarastro règne en maître.

#### LE PRÊTRE

C'est vrai, Zarastro règne ici.

#### TAMINO

Lui, dans ce temple consacré ?

#### LE PRÊTRE

Il règne dans ce temple saint.

#### TAMINO

Tout est mensonge et perfidie !
*(Il fait un mouvement pour sortir.)*

#### LE PRÊTRE

Veux-tu déjà partir ?

#### TAMINO

Oui, je veux fuir, libre et fier,
Loin de ces lieux impurs !

#### LE PRÊTRE

Demeure, explique-toi !
L'erreur trouble tes sens.

#### TAMINO

Zarastro vit ici,
Cela suffit pour moi.

## LE PRÊTRE

Pour l'amour de toi-même,
Écoute, reste ici.
Zarastro, tu le hais ?

## TAMINO

Je le hais à jamais !

## LE PRÊTRE

Pour quelle cause, dis-le moi ?

## TAMINO

C'est un despote, un tyran !

## LE PRÊTRE

Il faut m'en donner une preuve.

## TAMINO

La preuve est sa fureur cruelle
Contre une mère qu'il poursuit.

## LE PRÊTRE

Une femme a troublé tes sens ?
Enfant, des propos d'une femme
Ignores-tu le peu de sens ?
Si tu savais par quels desseins
Zarastro se laisse guider...

## TAMINO

Trop clairs pour moi sont ses desseins.
Il arracha, malgré ses larmes,
Pamina des bras de sa mère.

## LE PRÊTRE

Jeune homme, c'est la vérité.

## TAMINO

Vit-elle ? Vit-elle encor ?
Ou bien, faut-il pleurer sa mort ?

## LE PRÊTRE

Mon fils, je dois rester muet.
Au maître seul c'est le secret.

## TAMINO

**Pourquoi te taire ? Quel tourment !**

## LE PRÊTRE

Je suis lié par mon serment.

## TAMINO

Quand reverrai-je la lumière ?

## LE PRÊTRE

Bientôt, ami par nous conduit,
Tes yeux au jour seront ouverts.
(Il se retire par la porte du milieu.)


## SCÈNE XXI

TAMINO seul: LES VOIX.

## TAMINO

O longue nuit ! Quand donc l'aurore,
Enfin, pour moi, va-t-elle éclore ?

## LES VOIX

Bientôt, bientôt, ou jamais !

## TAMINO

Ah ! bientôt ou jamais !
O voix lointaines, dites-moi
Si Pamina vit encor ?

## LES VOIX

Pamina (bis) vit encor !

## TAMINO

Elle vit ! (bis) ô Dieux ! soyez bénis !
(Il prend sa flûte)

Ah ! que ne puis-je, sur ma Flûte,
Dieux tout-puissants, dieux secourables,
Vous dire la reconnaissance
De mon cœur plein d'ardeur !...

(Il joue de la flûte. A l'instant, des bêtes sauvages et des oiseaux
de toute espèce apparaissent. TAMINO cesse de jouer. Les bêtes se retirent.)

De quel pouvoir puissant et doux,
O chère Flûte, tu disposes,
Ta voix agit sur toutes choses.
Les fauves, on les soumets...

(Il joue de la flûte.)

24

Oui, mais Pamina, mais Pamina ne vient pas !...

*(Il joue encore.)*

Pamina ! *(bis)* entends ma voix ! Écoute-moi ! *(Il joue.)*
En vain ! *(Il joue)* Rien ?
Où te retrouverai-je enfin ?

*(Il joue.* Papaguéno *répond, du côté droit, avec sa flûte de Pan.)*

Ah ! Papaguéno, est-ce toi ? *(Il joue.)*
Pamina peut-être le suit ?
Peut-être vient-elle avec lui ?
Espoir... et doute !
Eh ! bien, allons vers lui, le son me guidera !

*(Il sort rapidement, au fond à droite.* Papaguéno *et* Pamina *arrivent après sa sortie. Ils sont libres de tout lien.)*

## SCÈNE XXII

Pamina, Papaguéno, à la droite de Pamina.

### Pamina et Papaguéno

Par la fuite, évitons
Le méchant qui nous poursuit !
Vers Tamino hâtons-nous
Pour échapper, pour échapper à ses coups !

### Pamina

Cher Tamino !

### Papaguéno

Chut ! silence, ceci vaudra mieux, je pense.
*(Il souffle dans sa flûte ; la flûte de* Tamino *répond du lointain.)*

### Papaguéno et Pamina

De Tamino, c'est sa Flûte ! Pas de doute !
L'espoir rentre dans mon cœur.

*(Étendant la main vers la droite.)*

Talisman, soyez béni...
O bonheur ! c'est bien Tamino,
Allons vite, vite, vite...

*(Ils se dirigent vers la droite.)*

Monostatos *se dresse devant eux.*

## SCÈNE XXIII

LES MÊMES, MONOSTATOS, à la droite de PAPAGUÉNO, puis des ESCLAVES.

MONOSTATOS *(ironiquement)*

Allez vite, vite, vite...
Ah! je vous attendais là!
Qu'on m'apporte ici des chaînes!
Le Maure va vous apprendre,
A redouter sa puissance!
*(Appelant vers la droite.)*
Apportez des fers, des chaînes!
Hô! esclaves, par ici!
*(Les ESCLAVES apportent des chaînes.)*

PAMINA ET PAPAGUÉNO

Ah! pour nous, tout est fini!

PAPAGUÉNO

Si j'osais!... Qui ne risque rien n'a rien...
*(prenant son glockenspiel.)*
O mon gentil carillon,
Fais résonner tes clochettes,
Chante-leur ta chansonnette!

MONOSTATOS ET ESCLAVES *(se mettant à danser)*

O belle musique, gentille chanson!
La, la, la, la, la, la, la, la, la, la, la, la!
*(Ils s'éloignent en chantant et en dansant.)*

## SCÈNE XXIV

PAPAGUÉNO, PAMINA se place à la droite de PAPAGUÉNO.

PAMINA ET PAPAGUÉNO

Puissent tous les braves gens,
Vaincre leurs ennemis,
Et par de tels talismans,
Dissiper leurs craintes!
Ils passeraient tous leur vie
Dans la plus douce harmonie.
La concorde et l'harmonie
Apaiseraient les âmes,
Donneraient par sympathie
Le bonheur au monde.
*(On entend soudain une marche brillante.)*

26

CHŒUR *(au dehors)*
Honneur à Zarastro ! honneur et gloire !

PAPAGUÉNO
Ces voix, c'est Zarastro !
J'hésite !... je tremble !

PAMINA
Hélas ! ami, c'est fait de nous !
Tout est perdu, Zarastro vient !

PAPAGUÉNIO
Ah ! si j'étais souris,
Je pourrais disparaître,
Rentrer dans ma coquille,
Si j'étais escargot !
Eh ! bien, que faut-il dire ?

PAMINA
La vérité ! *(bis)* sans détour ni feinte !

## SCÈNE XXV

LES MÊMES. ZARASTRO et sa suite. Les PRÊTRES arrivent par les portes du milieu, et de droite ; par celle de gauche, les HOMMES D'ARMES et la FOULE. LES FEMMES suivent derrière le char de ZARASTRO, à gauche ; les ESCLAVES arrivent de droite et de gauche.

ZARASTRO fait son entrée le dernier, sur un char triomphal, traîné par six esclaves.

CHŒUR
Honneur à Zarastro ! Zarastro le sage !
A lui, notre roi, à lui notre hommage !
A lui longue vie et bonheur !
Il est notre idole et nous l'adorons tous !
(ZARASTRO *descend de son char.*)

PAMINA *(à genoux)*
Ah ! par pitié, pardonne-moi !
Seigneur, si j'ai bravé ta loi.
Mon crime est d'avoir repoussé
L'amour impur de ce vil Maure...
Voilà, Seigneur, pourquoi j'ai fui.

ZARASTRO
C'est bien ! relève-toi, ma fille.
Je sais le souci de ton âme,
Je sais les secrets de ton cœur.
Je sais qu'un autre a ton amour ;
Ici, nul ne saurait te contraindre, } *(bis).*
Mais je te garde en mon pouvoir.

PAMINA

Mais mon devoir, au loin m'appelle,
Ma tendre mère...

ZARASTRO

Est à ma merci !
Et tu perdrais tout ton bonheur,
Si je te renvoyais près d'elle.

PAMINA

Combien m'est doux ce nom de mère !
Je l'aime, je l'aime !

ZARASTRO

Je punis son orgueil !
Il faut qu'un homme vous dirige.
Femmes, sans lui, tout n'est qu'erreur,
Et vanité dans votre vie !

MONOSTATOS ET TAMINO *entrent au fond à droite.*

# SCÈNE XXVI

LES PRÉCÉDENTS, MONOSTATOS et TAMINO à la droite de ZARASTRO.

MONOSTATOS *(entrant avec* TAMINO*)*

Rusé jeune homme, approche un peu
Devant Zarastro, notre roi.

PAMINA

C'est lui !

TAMINO

C'est elle !

PAMINA

J'en doute encor !

TAMINO

J'en doute encor !
*(Ils se rapprochent.)*

TAMINO ET PAMINA

Mes bras { la le } pressent sur mon cœur !
Et je défaille de bonheur !
*(Ils s'embrassent.)*

## CHŒUR

Quelle surprise !

### MONOSTATOS *(les séparant)*

Ah ! quelle audace !
L'un près de l'autre !
Séparons-les !
*(S'agenouillant devant* ZARASTRO.)
Seigneur, écoute ton esclave ;
Que ta main frappe le coupable ;
Il a voulu, ce suborneur *(montrant* PAPAGUÉNO),
Avec cet oiseau de malheur,
Aider Pamina dans sa fuite ;
Mais, j'ai couru à leur poursuite.
Maître, reconnais ma valeur...

### ZARASTRO

Tu vas en recevoir le prix !
*(Faisant un signe.)*
Hé ! qu'on lui donne, sans tarder...

### MONOSTATOS

Ta bonté, Maître, me suffit.

### ZARASTRO

Soixante et dix sept coups de bâton.

### MONOSTATOS, *s'agenouillant*

Seigneur ! Ce n'est pas ce que j'attendais !...

### ZARASTRO

Tais-toi ! J'accomplis mon devoir.
*(Des* ESCLAVES *entraînent* MONOSTATOS *par la gauche, et sortent avec lui.)*


## SCÈNE XXVII

### LES MÊMES, moins MONOSTATOS.

### CHŒUR

Zarastro le Sage, aux Justes propice,
Aux traîtres sévère, sait faire justice !

## ZARASTRO

Au temple des épreuves
Conduisez ces deux étrangers.
Les yeux couverts d'un voile épais,
Qu'ils soient purifiés d'abord.

*(Deux PRÊTRES sortent à droite, puis reviennent, portant des voiles noirs dont ils recouvrent la tête de TAMINO et de PAPAGUÉNO.)*

## CHŒUR

Par la Sagesse et l'Équité,
Le Monde, que n'est-il guidé !
L'Homme sans regretter les cieux,
Serait alors l'égal des Dieux.
Le temps heureux de l'Âge d'or
Pour nous refleurirait encor !

*(ZÁRASTRO prend PAMINA par la main et la conduit vers la porte du milieu. TAMINO et PAPAGUÉNO se dirigent vers la sortie. Deux PRÊTRES leur donnent la main.)*

### FIN DU DEUXIÈME ACTE].

# DEUXIÈME PARTIE

## [ACTE III]

### VIᵉ TABLEAU

Une palmeraie. Les palmiers, aux troncs argentés, portent des palmes d'or. De chaque côté de la scène se dressent neuf pyramides, de petite dimension, contre lesquelles sont placés neuf sièges. Devant chaque siège, un grand cor noir monté en or. Au milieu se dresse la plus grande des pyramides.

### SCÈNE PREMIÈRE

Les Prêtres d'Isis entrent de droite et de gauche et se rencontrent au milieu de la scène avant de se diriger vers le fond. Ils se serrent les mains, croisent les bras, puis reviennent vers la droite et la gauche et vont se placer derrière les cors. Zarastro entre seul par la droite et vient se placer devant le siège du milieu. Devant lui, les deux Orateurs. Les Prêtres sont à sa droite et à sa gauche.

Nᵒ 9. *Marche des Prêtres*

Disposition :

```
                    *        ZARASTRO        *
                      *          *          *
                        *                  *
   PRÊTRES           *    *   ORATEURS   *    *.   PRÊTRES
   assis               *                    *      assis
   derrière          *                        *    derrière
   les cors        *                            *   les cors
                   *                            *
```

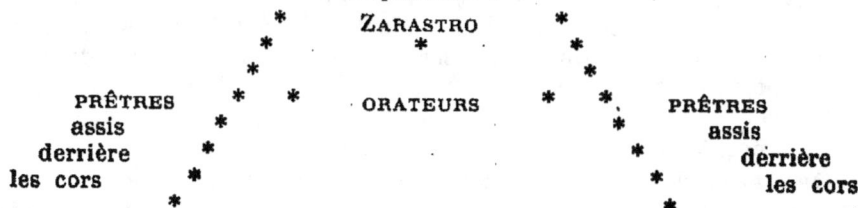

ZARASTRO, *après un silence.* O vous, qui avez reçu la lumière dans le temple de la Sagesse, serviteurs d'Osiris et de la grande déesse Isis ! Je viens vous déclarer avec toute la pureté de ma conscience, que [l'assemblée d'aujourd'hui sera l'une des plus importantes de notre temps]. Un adolescent, fils de roi, Tamino, s'est présenté à la porte du nord de notre Temple : il a vingt ans ; son cœur vertueux cherche en soupirant l'objet à la conquête duquel nous avons voué tous nos efforts et notre plus grande ardeur. Un voile est encore sur ses yeux ; il nous demande l'entrée du sanctuaire où brille la lumière sublime. Notre devoir le plus impérieux en ce jour est donc de lui tendre la main amicalement et de veiller sur la vie de cet homme vertueux.

PREMIER PRÊTRE. Est-il vraiment vertueux ?

ZARASTRO. Il est vertueux.

DEUXIÈME PRÊTRE. Est-il discret ?

ZARASTRO. Il est discret.

31

Troisième prêtre. Est-il charitable ?

Zarastro. Il est charitable. Je vous demande si vous le jugez digne d'être admis parmi nous, de vous joindre à moi.

*(Zarastro et les Prêtres sonnent trois fois dans les cors.)*

Zarastro. [Au nom de l'Humanité tout entière et touché de votre assentiment unanime], Zarastro vous remercie. [Ah ! combien, dans de pareils moments, l'union de vos cœurs et votre sagesse ont vite raison de toutes les calomnies que les préjugés tissent au-dessus de nos têtes. Faciles à disperser, elles n'ébranlent pas les colonnes de notre temple. Et nous arriverons à vaincre ces préjugés méchants. Oui, nous les vaincrons, maintenant que Tamino en personne va être initié à notre grand Art de la Sagesse

Vous savez que] les dieux destinent Pamina, la douce et vertueuse princesse, au gracieux prince ; [et que] c'est la raison pour laquelle j'ai arraché la jeune fille à son orgueilleuse mère. Cette femme se croit puissante ; elle espère arriver à ses fins en ameutant le peuple contre nous pas l'imposture et les superstitions ; et veut faire crouler notre Temple. Elle n'y réussira pas. Tamino même, le noble adolescent, sera le meilleur soutien de l'édifice ; [il nous aidera à l'agrandir en l'honneur de la vertu et, avec nous, il bâtira des cachots pour les vices.]

*(Zarastro et les Prêtres renouvellent les trois sonneries de cor.)*

L'Orateur. [Nous ne cessons d'admirer la sagesse de tes paroles, grand Zarastro, mais] il nous reste à savoir si Tamino pourra triompher des épreuves difficiles qui l'attendent ? [Qu'il me soit permis d'avoir quelque doute à ce sujet. Pardonne à ma franchise ! Je crains pour la jeunesse du profane. S'il allait se laisser dominer par la douleur, etperdre l'esprit au point de succomber tout à fait ?...] La vie l'a si peu préparé ; il est prince...

Zarastro. Mieux encore, — il est homme.

L'Orateur. Et s'il allait trouver le trépas, lui si jeune ?

Zarastro. Alors, il lui serait donné d'être reçu avant nous auprès d'Osiris et d'Isis et de goûter les joies divines.

*(Zarastro et les Prêtres répètent la triple sonnerie de cors.)*

Zarastro. Que l'on conduise Tamino ainsi que son compagnon de voyage vers le parvis du Temple. *(S'adressant à l'Orateur qui s'est incliné devant lui.)* Et toi, mon frère, — toi que les Dieux ont désigné parmi nous pour défendre la vérité — accomplis tes fonctions sacrées ; que ta sagesse enseigne aux deux profanes les devoirs de l'homme envers son prochain, et leur fasse connaître la puissance de nos Dieux.]

L'Orateur *sort avec le* Deuxième Prêtre *à droite.*

Les prêtres *se groupent en demi-cercle autour de Zarastro.*

N° 10. *Air et Chœur des Prêtres.*

Zarastro

O Isis, Osiris, Dieux sages,
Rendez prudents ces deux humains !
Confortez-les dans leur voyage.

ZARASTRO ET LE CHŒUR

Pour braver les périls prochains *(bis)*.

ZARASTRO

Soutenez-les dans leurs épreuves,
Si le tombeau pour eux s'entr'ouvre.
Armez leur âme de fermeté.

ZARASTRO ET LE CHŒUR

Et montrez-leur la Vérité ! *(bis)*
(ZARASTRO *et les* PRÊTRES *restent debout*. Rideau). 

## VIIᵉ TABLEAU

Petit parvis du Temple. Des deux côtés, portes s'ouvrant vers les bâtiments latéraux. Il fait nuit. Coups de tonnerre éloignés.

## SCÈNE II

TAMINO et PAPAGUÉNO entrent à gauche, conduits par l'ORATEUR et par DEUXIÈME PRÊTRE. Les Prêtres leur enlèvent les voiles qui leur couvrent tête et s'éloignent vers la gauche.

TAMINO. Ah ! quelle épouvantable nuit ! Es-tu encore là, près de moi, Papaguéno ?

PAPAGUÉNO, *à gauche de* TAMINO. Bien sûr !

TAMINO. Où crois-tu que nous nous trouvons ?

PAPAGUÉNO. Où nous sommes ? Ah ! s'il ne faisait pas si noir, je te le dirais peut-être... mais...
*(Coup de tonnerre.)*

PAPAGUÉNO. Aïe ! Aïe ! Malheur !

TAMINO. Qu'as-tu ?

PAPAGUÉNO. Ah ! je n'en mène pas large !

TAMINO. As-tu peur ?

PAPAGUÉNO. Oh ! non, je n'ai pas peur du tout, mais... j'ai froid dans le dos.
*(Fort coup de tonnerre.)*

PAPAGUÉNO. Ah ! malheur !

TAMINO. Qu'y a-t-il ?

PAPAGUÉNO. Je crois que je commence à avoir la fièvre.

TAMINO. Fi donc, Papaguéno ! Tu n'es plus un homme !

PAPAGUÉNO. Hélas ! que ne suis-je une femme !
*(Très fort coup de tonnerre.)*

PAPAGUÉNO. Aïe ! aïe ! oh ! voilà mon heure dernière !

L'ORATEUR ET LE DEUXIÈME PRÊTRE, *portant des torches, entrent par la droite.*
*(Il fait un peu clair.)*

## SCÉNE III

TAMINO, à droite sur le devant de la scène. L'ORATEUR à sa gauche. PAPAGUÉNO, à gauche, sur le devant de la scène. Le DEUXIÈME PRÊTRE à sa droite.

L'ORATEUR. Étrangers, que cherchez-vous ici, [que nous demandez-vous ?] Quel mobile vous porte à vouloir pénétrer en ces lieux ?

TAMINO. L'Amitié et l'Amour.

L'ORATEUR. Es-tu prêt à donner ta vie pour arriver au but ?

TAMINO. Oui !

[L'ORATEUR. Au prix de ta vie ? m'entends-tu ?

TAMINO. Oui !]

L'ORATEUR. Prince, il est encore temps de renoncer à ton projet. Un pas de plus, et il sera trop tard.

TAMINO. Je vaincrai, car je veux acquérir la connaissance de la Sagesse, et Pamina doit être ma récompense.

L'ORATEUR. Tu consens à subir toutes les épreuves ?

TAMINO. Toutes.

L'ORATEUR. Donne-moi la main ! *(Ils se prennent la main.)* Bien !

DEUXIÈME PRÊTRE. [à l'ORATEUR. Avant d'aller plus loin, laisse-moi dire quelques mots à l'autre profane.] *(Se tournant vers* PAPAGUÉNO). Et toi, veux-tu aussi conquérir la souveraine Sagesse ?

PAPAGUÉNO. Conquérir n'est pas mon affaire ! Du reste, je ne cours pas après la Sagesse. A quoi bon ? Je suis simplement un homme, qui se contente de manger, de boire et de dormir ; je n'ai qu'un désir... se réalisera-t-il jamais ? — celui de mettre enfin la main sur une jolie compagne.

DEUXIÈME PRÊTRE. Tu ne la trouveras jamais si tu ne consens à subir les épreuves qui t'attendent ici.

PAPAGUÉNO. [Dites-moi, je vous prie,] quelles sont ces épreuves ?

DEUXIÈME PRÊTRE. Savoir se soumettre à toutes nos lois et surtout, ne pas craindre la mort.

PAPAGUÉNO. Oh ! alors, je reste garçon !

[L'ORATEUR. Voyons, réfléchis : si ces épreuves allaient te conduire vers la bonne et jolie fille de tes rêves ?

PAPAGUÉNO. Non, non ! je reste garçon !

DEUXIÈME PRÊTRE. Qui sait ? Zarastro te garde peut-être une fiancée bien assortie, faite entièrement pour te plaire.

PAPAGUÉNO. Faite comme moi ? couverte de plumes ? Est-elle jeune ?

LE DEUXIÈME PRÊTRE. Elle serait certès jeune et jolie.

PAPAGUÉNO. Et s'appelle...

LE DEUXIÈME PRÊTRE. Papaguéna.

PAPAGUÉNO. Comment ?... Pa... ?

LE DEUXIÈME PRÊTRE. Papaguéna.

PAPAGUÉNO. Papaguéna ? Ah ! je voudrais bien voir cette Papaguéna.... par curiosité seulement.

LE DEUXIÈME PRÊTRE. On te la montrera !

PAPAGUÉNO. Mais, quand je l'aurai vue, il faudra probablement que je meure !

LE DEUXIÈME PRÊTRE *fait un geste évasif.*

PAPAGUÉNO. Hein ? — Alors, je reste garçon !

LE DEUXIÈME PRÊTRE. Tu pourras la voir, mais à la condition de ne pas lui dire un mot avant l'expiration du délai qui te sera fixé. Mais, auras-tu assez de persévérance pour retenir ta langue ?

PAPAGUÉNO. Oh ! oui !

LE DEUXIÈME PRÊTRE. Bien. Donne-moi la main. *(Il se donnent la main.)*

L'ORATEUR. Et toi, Prince, tu observeras également le silence ; les Dieux t'imposent cette mesure salutaire. [Faute par vous de vous conformer tous deux à leur volonté, vous iriez à votre perte. Tamino,] tu verras Pamina, mais tu resteras muet en sa présence. C'est là le commencement de vos épreuves.

## Nº 11. *Duo.*

### DEUX PRÊTRES

Se défier des ruses des femmes :
De nos devoirs c'est le premier.
Plus d'un se croit exempt de blâme
Qui tombe,
Et succombe.
Fidèle, il reçoit pour salaire
Dédain, froideur et trahison,
En vain il clame sa misère :
Il souffre et meurt dans l'abandon *(bis).*

*(Les DEUX PRÊTRES sortent, à gauche. La scène s'assombrit.)*


## SCÈNE IV

### TAMINO, PAPAGUÉNO

PAPAGUÉNO. Holà ! de la lumière ! de la lumière ! Holà !... C'est vraiment drôle ; on n'y voit plus, chaque fois que ces messieurs nous quittent.

TAMINO. Allons, supporte cela avec patience et n'oublie pas que telle est la volonté des Dieux.

*(Les TROIS DAMES entrent rapidement par la droite portant des torches. La scène s'éclaire.)*

TAMINO, à droite, sur le devant de la scène. LES TROIS DAMES au milieu.
PAPAGUÉNO à gauche. Chœur des PRÊTRES dans la coulisse.

N° 12. *Quintette.*

### LES TROIS DAMES

Vous ici ? En ce temple maudit ?
Jamais plus vous n'en pourrez sortir !
Tamino, ta mort est jurée,
Et toi, ta perte est assurée !

### PAPAGUÉNO

Non, non, c'en est trop pour moi !

### TAMINO

Papaguéno, tais-toi donc !
Tu promis obéissance.
Garde, garde le silence !

### PAPAGUÉNO

Qu'importe si je suis perdu !

### TAMINO

A la fin, te tairas-tu ?

### PAPAGUÉNO

Faudra-t-il toujours se taire !
Toujours vivre sans parler !

### LES TROIS DAMES

Notre Reine, en grand mystère,
Dans le Temple a su pénétrer.

### PAPAGUÉNO

Eh ! quoi ? votre Reine est ici ?

### TAMINO

Chut ! silence ! Tais-toi donc !
Veux-tu donc de ta promesse,
Te jouer ainsi sans cesse ?

### LES TROIS DAMES

Tamino, pense à notre Reine !
Prends garde de n'oublier rien !
De ces Prêtres de la Sagesse,
On ne dit pas beaucoup de bien.

TAMINO, *à part.*

Le Sage écoute et ne croit rien
De ce que dit un peuple vain.

LES TROIS DAMES

Tous ceux qui dans leur ordre vivent
Pour l'éternité sont maudits !

PAPAGUÉNO

Oh ! la ! quelle histoire infernale,
Dis-moi, Tamino, est-ce vrai ?

TAMINO

Propos de femmes, à plaisir
Répétés par des imposteurs !

PAPAGUÉNO

A ce qu'on dit, la Reine y croit ?

TAMINO

C'est une femme elle est crédule.
Mais plus un mot et restons cois !
Suis ton devoir, et sois prudent !

LES TROIS DAMES

Pourquoi vouloir toujours vous taire ?
Papaguéno allons, bavarde !
(TAMINO *fait comprendre modestement qu'il doit se taire.*)

PAPAGUÉNO, *à la dérobée, aux* DAMES

Je voudrais bien, oui... mais...

TAMINO

Chut !

PAPAGUÉNO, *d'une voix sourde.*

Voyez, je n'y puis rien !

TAMINO

Chut !

PAPAGUÉNO

Hélas ! la langue me démange !

TAMINO

Enfin, ne vas-tu pas te taire ?
Vraiment c'est un malheur pour toi !

37

ENSEMBLE

Laissons-les donc, il faut nous rendre,
Laissez-nous donc il faut vous rendre,
Aucun des deux ne parlera.
Aucun de nous ne parlera.

L'esprit de l'homme est réfléchi ;
A la prudence il obéit.
*(Les* TROIS DAMES *essayent de sortir à droite.)*

CHŒUR, *dans la coulisse.*

Le Temple est souillé. Sacrilège !
L'enfer engloutisse les femmes !
*(Nuit. Eclairs, tonnerre.)*

LES TROIS DAMES ET PAPAGUÉNO, *qui se jette à terre.*

Malheur, malheur, malheur ! Malheur !

## SCÈNE VI

TAMINO, à droite sur le devant de la scène. L'ORATEUR à sa droite, PAPA-GUÉNO, à droite, couché à terre. LE DEUXIÈME PRÊTRE à gauche.

L'ORATEUR. Salut à toi, jeune homme ! Grâce à ta fermeté virile, tu sors vainqueur de cette première épreuve. [Mais la route que tu vas suivre sera pénible et dangereuse ; tu t'en tireras avec l'aide des Dieux. Aussi, élevons nos cœurs et] continuons avec courage notre long voyage. *(Il bande les yeux de* TAMINO). Marchons ! *(Il sort à droite avec* TAMINO.)

## SCÈNE VII

LE DEUXIÈME PRÊTRE, PAPAGUÉNO.

LE DEUXIÈME PRÊTRE. Hé ! l'ami, relève-toi, que t'est-il arrivé ?

PAPAGUÉNO. Je suis évanoui.

LE DEUXIÈME PRÊTRE. Debout ! Reprends tes esprits et redeviens un homme !

PAPAGUÉNO, *se relevant.* [Veuillez me dire, chers Messieurs, pourquoi je dois endurer tant de souffrances et de frayeurs ?] Les Dieux qui me destinent une Papaguéna ne peuvent-ils me la donner sans m'imposer tant d'épreuves dangereuses ?

LE DEUXIÈME PRÊTRE. Voilà une question bien indiscrète ; cherche la réponse dans ta conscience. Allons, viens ; j'ai la mission de te conduire plus loin. *(Il lui met le bandeau.)*

PAPAGUÉNO. Un pareil voyage vous ferait renoncer pour jamais à l'amour !

LE DEUXIÈME PRÊTRE *sort avec* PAPAGUÉNO, *à droite.*

*(Changement à vue).*

Un jardin ; au fond, un lac au milieu duquel est un grand sphinx. A droite, un banc recouvert d'un bosquet de roses. Brillant clair de lune.

## SCÈNE VIII

PAMINA, endormie, sous le bosquet de roses. MONOSTATOS, venu de droite, est derrière elle.

MONOSTATOS. Ah ! la voilà, cette prude beauté ! [Et c'est pour elle, pour cette insignifiante créature, que j'ai failli passer de vie à trépas ! Pour elle, j'ai dû me laisser meurtrir la plante des pieds ! En somme, de quoi m'étais-je rendu coupable ? Je m'étais engoué de cette fleur étrangère qui avait été transplantée ici. Pourtant,] quel homme, [au cœur moins chaud que le mien] resterait insensible à tant de charmes ? [J'en prends à témoin les étoiles, que mon amour pour elle va jusqu'à la folie. Le feu qui circule en moi va me consumer.] *(Il regarde autour de lui.)* Ah ! si j'étais bien sûr que personne ne m'épie, je tenterais encore... *(Il s'évente avec les mains)*... Quelle folie que l'amour !... Je ne prendrais qu'un baiser, un tout petit baiser... Cela serait excusable !

Nᵒ 13. *Air.*

### MONOSTATOS

Toute la nature entière
Est bonheur, soupir, espoir.
Moi, l'amour me désespère...
Est-ce un crime d'être noir ? *(bis)*
N'ai-je pas un cœur, une âme ?
Et suis-je indigne d'amour ? *(bis)*
Toujours vivre ainsi sans femme,
C'est un véritable enfer ! *(ter)*
Seul, je vis dans l'infortune ;
Tout le monde a du bonheur.
Lune pâle, oh ! pardonne,
Une blanche a pris mon cœur ! *(bis)*
Belle enfant que je t'embrasse !
Bonne lune, voile-toi *(bis)* ;
Si mon geste t'embarasse,
Détourne les yeux de moi ! *(ter)*

MONOSTATOS *se glisse lentement vers* PAMINA.

LA REINE DE LA NUIT *accourt du fond de la scène. Éclairs et tonnerre.*

## SCÈNE IX

PAMINA, endormie, à droite. LA REINE, au milieu, menaçante,
MONOSTATOS à sa droite.

LA REINE DE LA NUIT, *à* MONOSTATOS. Arrière !

PAMINA, *s'éveillant.* Ah ! je tremble !

MONOSTATOS *se rejette en arrière.* Malheur à moi ! C'est elle ! La
Reine de la Nuit !

PAMINA, *se soulevant.* Ma mère, ma mère, ma mère chérie ! *(Elle
se jette dans ses bras.)*

[MONOSTATOS. Sa mère ? Ah ! vraiment ! Il faut que je me tienne
aux écoutes. *(Il se cache à gauche.)*]

## SCÈNE X

PAMINA, LA REINE, à droite de Pamina.

LA REINE DE LA NUIT. Ma présence auprès de toi, ma fille, tu la
dois à la révolte de mon amour maternel. Peux-tu me dire si tu as vu
le jeune chevalier qui m'a promis de te délivrer ?

PAMINA. Ah ! ma mère, ne me le demande pas. Il a été arraché
pour toujours à la société des hommes. Il s'est donné aux Initiés d'Isis.

[LA REINE DE LA NUIT. Il s'est fait initier dans le Temple de Zarastro,
lui ? Oh ! ma pauvre enfant, je te vois arrachée pour toujours de mes bras.

PAMINA. Pourquoi ? Fuyons vite, chère mère ! Qu'ai-je à craindre
auprès de toi ?]

LA REINE. Te protéger ici, ma fille, dans ce temple où tu es pri-
sonnière, ma chère enfant, je ne le puis plus. La mort de ton père a ruiné
ma puissance.

PAMINA. La mort de mon père ?

LA REINE. Ton père qui fut le maître ici, se dépouilla volontairement
du Soleil aux sept auréoles en faveur des Initiés d'Isis. Un autre que lui,
porte à présent le puissant emblème solaire sur sa poitrine : Zarastro.
[Peu de temps avant sa mort, je faisais des reproches à ton père à ce
sujet. Il me dit alors, d'un ton sévère : « Femme, je vais bientôt mourir ;
tous les trésors qui furent ma propriété privée, je vous les laisse, à toi
et à ta fille ». — « Et le Cercle solaire, qui englobe l'univers et le pénètre
de ses rayons, à qui le laisses-tu ? » lui dis-je vivement. — « Qu'il appar-
tienne aux Initiés seuls, » fut sa réponse. « Zarastro en sera le mâle gardien,
comme je l'ai été moi-même jusqu'à ce jour. Ne me demande pas un mot
de plus. Ces choses sont inaccessibles à ton esprit de femme. Ton devoir
est de te soumettre entièrement, ainsi que ta fille, à la direction de ces
hommes sages ».

PAMINA. Il est probable, ma mère chérie, puisqu'il en est ainsi, que
nous ne reverrons jamais le jeune chevalier.

40

LA REINE. Oui, il sera perdu pour nous, à moins que tu ne puisses le voir et l'engager à s'enfuir par les souterrains qui sont là. Les premières lueurs du jour décideront de son sort. Il te délivrera ou restera prisonnier des Initiés.

PAMINA. Mère chérie, pourquoi ne pourrais-je aimer le chevalier, quand il sera parmi les Initiés, aussi tendrement que je l'aime déjà ? Mon père ne fut-il pas des leurs ? Je me souviens de l'avoir entendu parler avec enthousiasme de ses Frères. Il vantait leur bonté, leur bon sens, leurs vertus... Zarastro me paraît posséder toutes ces vertus.

LA REINE. Je suis stupéfaite de t'entendre, toi, ma fille, prendre la défense des mœurs abominables de ces barbares ! Tu veux encore aimer celui qui, devenu l'allié de mon plus grand ennemi, comploterait sans retard ma perte ?] *(La Reine brandit un poignard.)* Vois-tu ce fer ? Il est destiné à Zarastro. Et c'est toi, ma fille, qui le frapperas et qui t'empareras du tout-puissant Cercle solaire. *(Elle lui remet de force le poignard.)*

[PAMINA. Qu'exiges-tu là de moi, ô ma mère !

LA REINE. Ne me résiste pas ! Choisis entre la mort de Zarastro et la vengeance d'une mère outragée qui te reniera à tout jamais !] (1)

### Nᵒ 14. *Air.*

#### LA REINE

De ses outrages venge-nous ma fille.
Haine et vengeance *(bis)* embrasent mon cœur !
Si par ta main, Zarastro ne succombe, *(bis)*
Je te renie, ô ma fille, à jamais.
Sois maudite à jamais
Sois proscrite à jamais
Des regards de ta mère,
S'il n'expire sous tes coups !
Maudite, proscrite par ta mère,
S'il n'expire sous tes coups.
Je veux *(ter)* qu'il disparaisse !
Dieux ! Dieux ! Dieux de la Haine,
Dieux ! Exaucez-moi !

*(Elle se précipite vers le fonds. Coup de tonnerre.)*

PAMINA, *tenant le poignard, fait quelques pas vers la gauche.* Devenir criminelle ? Ah ! Dieux ! Je ne le pourrai jamais. *(Elle reste pensive.)*

MONOSTATOS, *joyeux s'avance rapidement à droite.*

---

1) Variante : « PAMINA : Mais, chère mère...
LA REINE : J'ordonne ! Cela suffit ! »

## SCÈNE XI

PAMINA, le visage tourné vers la droite, MONOSTATOS, derrière elle, à gauche.

[MONOSTATOS. Le Cercle solaire de Zarastro possède donc des vertus magiques ? C'est pour se l'approprier que la jeune princesse doit commettre un meurtre ! Voici qui sert mes desseins à merveille !

PAMINA. Et ma mère a juré de m'abandonner pour toujours si je lui désobéissais.] Grands Dieux ! que dois-je faire ?

MONOSTATOS, *lui arrachant le poignard.* Te confier à moi.

PAMINA, *effrayée.* Oh !

MONOSTATOS. Pourquoi trembler ? Est-ce mon visage qui t'effraie ? Ou l'idée de ton crime ?

PAMINA. *timidement.* Alors, tu saurais...?

MONOSTATOS. Tout... [Je sais même que ta vie, que même la vie de ta mère sont dans ma main. Je n'ai qu'à dire un mot à Zarastro, et ta mère sera précipitée dans les eaux du souterrain destinées, paraît-il, à la purification des Initiés ; elle mourra, et si je le veux, elle ne sortira pas en vie de ce souterrain.] Vous n'avez qu'une chance de salut, toi et ta mère...

PAMINA. Laquelle ?

MONOSTATOS. Il faut m'aimer !

PAMINA, *atterrée, à part.* O Dieux !

MONOSTATOS, [*joyeux, à part.* La tempête fait pencher le jeune arbuste de mon côté.] *(Haut.)* Eh bien, Princesse, oui ou non ?

PAMINA, *avec force.* Non ! Non !

MONOSTATOS, *avec colère.* Tu refuses ? [Et pourquoi ? Parce que mon visage est noir ! Eh bien, meurs !] *(Il la saisit.)*

PAMINA. Monostatos, aie pitié de celle qui est à tes genoux !

MONOSTATOS. Ton amour, ou la mort ! [Dis un mot, sauve ta vie menacée !

PAMINA. Mon cœur, je l'ai sacrifié au jeune Prince.

MONOSTATOS. Que m'importe ton sacrifice !... Dis un mot !]

PAMINA, *avec force.* Jamais !

ZARASTRO *entre, à droite.*


## SCÈNE XII

### LES MÊMES, ZARASTRO.

MONOSTATOS, *le poignard levé sur Pamina.* Meurs donc !

ZARASTRO, *se plaçant impérieusement entre eux, lève un bras menaçant et repousse Monostatos.* Arrière !

MONOSTATOS, *fait la pirouette et tombe à genoux devant Zarastro.* Maître, [ne me punis pas,] je suis innocent ! [On complotait ta mort et j'ai voulu te venger.]

42

ZARASTRO. N'ajoute pas un mot ; ton cœur est aussi noir que ton visage. [C'est toi, que je voudrais punir pour ce noir complot, si je ne savais qu'une femme, qui est aussi méchante que sa fille est vertueuse, a forgé le poignard que tu tiens. Mais, cette femme seule est la coupable ; aussi, je ne te punirai pas.] Va-t-en !

MONOSTATOS, *en s'en allant.* Puisque la fille repousse mon aide, je vais aller trouver la mère. *(Il sort rapidement au fond, à gauche.)*

## SCÈNE XIII

### ZARASTRO, PAMINA à sa droite.

PAMINA. Seigneur ! Ne tire point vengeance de ma mère ; elle a tant souffert de mon absence...

ZARASTRO. Je le sais. [Je sais aussi que ta mère est errante en ce moment dans les souterrains du Temple, et médite sa vengeance contre moi et contre l'humanité. Eh bien !] apprends comment Zarastro se venge : [Les Dieux donneront, je l'espère, à Tamino la force de persévérer dans ses nobles intentions, et tu pourras goûter le bonheur auprès de lui. Quant à ta mère, elle restera confondue et n'aura qu'à se retirer dans son castel. Mais toi] apprends à nous connaître et ne fuis pas notre demeure sacrée.

### Nº 15. *Air.*

#### ZARASTRO

Dans ce séjour tranquille,
Où rien n'agite le cœur,
On trouve un pur asile,
De paix et de candeur.
Ici, par l'amour fraternel,
L'homme coupable expie ses torts,
Soutenu par nos bras amis, } *(bis).*
Chez nous il vient finir ses jours. }

Ici, pour tous les hommes,
Aimants et fraternels,
Au lieu de la rancune,
Nous voulons le pardon.
Et qui méprise notre loi } *(ter).*
Est perdu pour l'Humanité. }

## SCÈNE XIV

### TAMINO et PAPAGUÉNO entrent, les yeux découverts, accompagnés des DEUX PRÊTRES.

L'ORATEUR. Vous allez rester ici seuls. Dès que vous entendrez le son des trompes, vous vous dirigerez de ce côté. *(Indiquant la droite.)* Prince, au revoir ! [Nous nous reverrons avant que vous soyez arrivés au terme de votre voyage. Et surtout] n'oubliez pas votre mot d'ordre : Silence. *(Il sort par la droite.)*

43

Deuxième prêtre. Et toi, Papaguéno, retiens bien ceci : celui qui rompra le silence ici, sera puni par les Dieux et foudroyé par le tonnerre ! Au revoir. *(Il sort à droite.)*


## SCÈNE XV

Tamino s'asied sur le banc à droite, Papaguéno sur celui de gauche.

Papaguéno, *après un silence.* Hé, Tamino !

Tamino. Chut !

Papaguéno. Eh bien ! c'est gai, ici ! Je serais bien mieux dans ma cabane de chaume, ou bien au milieu des bois ; j'entendrais au moins chanter les oiseaux.

Tamino. *avec reproche.* Chut !

Papaguéno. J'ai bien le droit de me parler à moi-même ! Et puis, ne pouvons-nous pas parler ensemble, il n'y a pas de femme ici !

Tamino. Chut ! chut !

Papaguéno *se met à chanter.* Tra la la... ! On ne nous donne même pas à boire une goutte d'eau. [Encore bien moins autre chose. Rien, rien.]

Une vieille femme difforme *entre, à droite, tenant un grand gobelet rempli d'eau.*


## SCÈNE XVI

Tamino, assis à gauche ; Papaguéno, assis à droite. La vieille femme vient se placer à la droite de Papaguéno.

La vieille femme *tend le gobelet à* Papaguéno.

Papaguéno, *la regardant longuement.* Pour moi, ce breuvage ?

La vieille femme. Oui, mon ange !

Papaguéno, *la regardant encore, puis ayant bu et faisant la grimace.* De l'eau ! Dis-moi, ô beauté inconnue, est-ce là ta façon habituelle de recevoir tes hôtes ?

La vieille femme. Mais oui, mon ange !

Papaguéno. Ah ! vraiment ! Ça ne doit pas engager les étrangers à venir souvent ici.

La vieille femme. En effet, il n'en vient pas beaucoup.

Papaguéno. Ce n'est pas étonnant. Allons, bonne vieille, viens t'asseoir près de moi, cela me fera paraître le temps moins long.

La vieille femme *s'assied auprès de lui.*

Papaguéno. Dis-moi, quel âge as-tu ?

La vieille femme. Quel âge j'ai ?

Papaguéno. Oui.

La vieille femme. Dix-huit ans et deux minutes.

Papaguéno. Dix-huit ans et deux minutes !

LA VIEILLE FEMME. Oui.

PAPAGUÉNO. Hahaha ! C'est toi qui es un jeune ange ! En ce cas, tu dois avoir un amoureux ?

LA VIEILLE FEMME. Eh ! certes !

[PAPAGUÉNO. Est-il aussi... jeune que toi ?

LA VIEILLE FEMME. Non pas ! il a dix ans de plus que moi.

PAPAGUÉNO. Plus âgé de dix ans ? C'est parfait comme amour !] Peut-on savoir le nom de ce galant ?

LA VIEILLE FEMME. Il s'appelle... Papaguéno !

PAPAGUÉNO, effrayé, après un silence. Papaguéno !... Où est-il donc ce Papaguéno ?

LA VIEILLE FEMME, désignant PAPAGUÉNO. Il est assis à côté de moi, mon ange.

PAPAGUÉNO. Moi ! ton amoureux ?

LA VIEILLE FEMME. Oui, toi, mon ange !

PAPAGUÉNO. Dis-moi à présent ton nom ?

LA VIEILLE FEMME. Mon nom ?...

(Fort coup de tonnerre.)

LA VIEILLE FEMME se lève et s'enfuit, en boîtant, à droite.

PAPAGUÉNO. Malheur à moi !

TAMINO se lève et le menace du doigt.

PAPAGUÉNO. Ah ! je ne dirai plus un mot, je le jure.

LES TROIS ENFANTS entrent à gauche : l'un porte la Flûte, un autre le Glockenspiel.


## SCÈNE XVII

TAMINO à gauche. LES TROIS ENFANTS au milieu, PAPAGUÉNO, à droite.

### N° 16. Trio.

#### LES TROIS ENFANTS

O voyageurs, salut encore,
Soyez ici les bienvenus !
Ce carillon et cette flûte,
Par Zarastro vous sont rendus.

(Une table en or, couverte abondamment de mets et de liqueurs, sort de terre.)

A la gaîté on vous engage.
Mangez, buvez joyeusement.
Soyez heureux, car tout présage
Que la Victoire vous attend.
Ayez du cœur, proche est le but.
Toi, Papaguéno, plus un mot, chut ! silence ! chut !

(Pendant le trio, les Enfants remettent la Flûte à TAMINO et le Glockenspiel à PAPAGUÉNO. Ils sortent, à gauche.)

45

## SCÈNE XVIII

### TAMINO, PAPAGUÉNO.

PAPAGUÉNO. Tamino, si nous déjeunions !

TAMINO *joue de la flûte.*

PAPAGUÉNO. Va, joue de la flûte ; moi je préfère jouer des mâchoires.
*(Il se place derrière la table et se met à manger.)* Tous mes compliments
aux cuisiniers du seigneur Zarastro !

Comme cela, bien attablé, je consens à me tenir coi. Mais cela durera-
t-il ? Voyons si la cave est aussi remarquable ! Ah ! certes, ce vin est de
l'ambroisie !

TAMINO *cesse de jouer.*

PAMINA *accourt par la gauche et vient se placer à la droite de Tamino.*


## SCÈNE XIX

TAMINO, à gauche ; PAMINA à sa droite ; PAPAGUÉNO assis à la table.

PAMINA, *avec joie.* Toi ici ! ce sont les Dieux qui t'envoient ! Grâces
leur soient rendues ; [ils m'ont guidée vers toi.] J'ai entendu les sons de
ta flûte et j'ai couru de toutes mes forces. Mais pourquoi es-tu si triste ?
Tu ne dis pas un mot à ta Pamina ?

TAMINO, *soupirant, lui faisant des signes pour l'éloigner.* Hélas !

PAMINA. Comment ? tu veux m'éloigner de toi ? Tu ne m'aimes plus ?

TAMINO, *soupirant.* Ah ! *(Il lui fait signe de se retirer.)*

[PAMINA. Tu me dis de partir et tu ne m'en donnes pas la raison ?
O Tamino ! Cher prince ! T'ai-je offensé ? Ne me fais pas souffrir davantage. Mon cœur vient chercher auprès de toi du secours et de la consola-
tion, et tu ne fais que le blesser de plus en plus. Est-il vrai que tu ne
m'aimes plus ?

TAMINO *soupire.*]

PAMINA. Peux-tu me dire, Papaguéno, ce qu'à Tamino ?

PAPAGUÉNO, *qui ne peut parler, ayant la bouche pleine, lui fait signe
de se retirer.* Hm ! hm ! hm !

PAMINA. Toi aussi ? [Explique-moi au moins ce que signifie votre
silence.]

PAPAGUÉNO. Chut ! *(Il lui fait signe de se retirer.)*

PAMINA. Tout cela est pour moi [plus que de l'affliction], pire que
la mort. *(Un silence.)* Mon adoré, mon Tamino... !


### Nº 17. *Air.*

#### PAMINA

Ah ! l'ingrat par son silence !
A meurtri mon pauvre cœur !
J'ai perdu toute espérance
De revoir des jours meilleurs *(bis).*

Vois Tamino, vois ces larmes
Que je verse encore !
Si l'Amour ne te désarme
Je n'ai d'espoir que dans la mort !
*(Elle s'éloigne tristement, à droite.)*

## SCÈNE XX

TAMINO, PAPAGUÉNO. [Un peu plus tard, des lions].

PAPAGUÉNO. *(Il mange gloutonnement.)* Eh bien, Tamino. tu vois que je sais me taire, quand il le faut. Je suis un homme ! *(Il boit.)* Je bois à la santé de M. le cuisinier et de M. le sommelier du Temple !

*(On entend une triple sonnerie de trompe.)*

TAMINO *fait signe à* PAPAGUÉNO *de le suivre vers la gauche.*

PAPAGUÉNO. Va, je vais te suivre bientôt.

TAMINO *veut l'entraîner de force.*

[PAPAGUÉNO. C'est le plus vaillant qui restera ici !

TAMINO *exprime son mécontentement à Papaguéno et veut sortir par la gauche.*

PAPAGUÉNO. Fort bien ; comme cela je vais être bien tranquille. Je n'ai jamais eu un aussi bon appétit ! Ah ! non, je ne te suivrai pas ! Je resterai même si le seigneur Zarastro employait pour me faire bouger d'ici, les forces réunies de ses six lions ! *(Les lions apparaissent à droite et se dirigent vers* PAPAGUÉNO.*)*

PAPAGUÉNO. Grands Dieux, ayez pitié de moi ! Tamino, au secours ! Messieurs les lions veulent se payer ma personne !

TAMINO *revient par la gauche, joue de la flûte et apaise la fureur des lions.*

LES LIONS *se retirent vers la droite.*

TAMINO *veut persuader par ses gestes* PAPAGUÉNO *de le suivre.*]

PAPAGUÉNO. C'est bien, on te suit ! Tu ne diras plus que j'ai mauvais caractère ! [je t'obéis en tous points !]

*(On entend une triple sonnerie de trompe.)*

PAPAGUÉNO. Ce signal est pour nous. Oui, oui, nous voilà ! Que penses-tu de tout cela, Tamino ? qu'allons-nous devenir ?

TAMINO *étend le bras vers le ciel.*

PAPAGUÉNO. Que je m'adresse aux Dieux ?

TAMINO *fait un signe affirmatif.*

PAPAGUÉNO. Ah ! les Dieux ! ils pourraient bien venir nous tirer d'embarras !

*(On entend une triple sonnerie de trompe.)*

TAMINO *entraîne Papaguéno avec force vers la droite.*

PAPAGUÉNO. Pourquoi donc nous presser ainsi ! Nous arriverons toujours asez tôt pour être mis à la broche !

TAMINO ET PAPAGUÉNO *sortent par la gauche.*

*(La table disparaît sous terre.)*

[FIN DU TROISIÈME ACTE DANS LES REPRÉSENTATIONS EN QUATRE ACTES].

# [ACTE IV]

## X° TABLEAU

Paysage près des pyramides. Au milieu de la scène, une grande pyramide ornée d'hiéroglyphes. A droite et à gauche, passages. Demi-obscurité.

## SCÈNE XXI

L'Orateur, Prêtres avec torches. Zarastro entre à gauche, et vient se placer au milieu; un Prêtre portant une torche le suit.

### N° 18. *Chœur des* Prêtres.

#### Chœur

O Isis, Osiris ! jour de gloire !
Les feux du jour triomphent des ténèbres.
Celui qui vient vers nous, vers la lumière,
Qu'il ait bientôt pour nous l'esprit d'un frère !
Son cœur est droit, son cœur est pur *(bis)*,
Et bientôt il sera semblable à nous *(bis)*.

*(*Zarastro *fait un signe, vers la gauche. Deux* Prêtres *sortent de ce côté et reviennent avec* Tamino, *qui a la tête recouverte d'un voile.)*

## SCÈNE XXII

Les Mêmes, Tamino à la droite de Zarastro.

Zarastro. Prince ! tu t'es montré viril et patient. Il te reste à accomplir deux voyages dangereux. Puissent les Dieux accompagner encore celui dont le cœur a su rester fidèle à Pamina, celui qui sera appelé un jour à gouverner des peuples ! Donne-moi ta main ! *(*Zarastro *fait un geste vers la droite.)* Qu'on amène Pamina !

Les deux Prêtres *sortent à droite et reviennent avec* Pamina, *voilée.*

## SCÈNE XXIII

Les Mêmes, Pamina à droite de Zarastro.

Pamina. Où [suis-je ? Quel silence effrayant ! Dites-moi où] est mon fiancé ?

Zarastro. Il est là, qui t'attend pour te faire ses adieux.

Pamina. Ses adieux ! Où est-il ? [Conduisez-moi vers lui.]

Zarastro *fait tomber le voile de* Tamino. Le voici.

Pamina, *avec ravissement.* Mon Tamino !

Tamino, *la repoussant.* Arrière !

48

## No 19. *Trio.*

**PAMINA**

Devons-nous donc ne plus nous voir ?

**ZARASTRO**

Enfants, conservez-en l'espoir !

**PAMINA**

La mort te menace en silence *(bis)*.

**TAMINO**

Mon âme garde sa vaillance *(bis)*.

**ZARASTRO**

Garde en ton âme la vaillance.

**PAMINA**

Ami, ta perte est trop certaine,
Et si tu meurs, c'est fait de moi.

**TAMINO ET ZARASTRO**

La volonté des Dieux soit faite !
Que leur désir soit notre loi !

**PAMINA**

Si tu m'aimais comme je t'aime,
Oserais-tu trahir ma foi ? *(bis)*

**ZARASTRO ET TAMINO**

Mon
Son cœur te restera fidèle,
Il pensera
Je penserai toujours à toi *(bis)*.

**ZARASTRO**

Voici l'instant qui vous sépare.

**TAMINO ET PAMINA**

Instant fatal ! Destin barbare ! *(bis)*

**ZARASTRO**

Tamino, vas, il faut partir.
Voici l'instant qui vous sépare.
Il faut partir ! *(bis)*

49

TAMINO

Adieu, adieu, je dois partir.

PAMINA

Tamino, dois-tu donc partir !

TAMINO ET PAMINA

L'heure viendra de nous revoir
Destin barbare
Qui nous sépare,
Jours prospères, revenez,
Au revoir ! *(bis)*.

ZARASTRO

Ne tarde pas, tu l'as juré
Voici l'instant qui vous sépare.
L'heure viendra de nous revoir.

*(Deux PRÊTRES entraînent PAMINA vers la gauche et sortent avec elle. ZARASTRO s'éloigne, reconduisant TAMINO. Tous les PRÊTRES sortent. Silence. Il fait presque nuit.)*

## SCÈNE XXIV

### PAPAGUÉNO, DES VOIX, L'ORATEUR.

PAPAGUÉNO, *au dehors, à gauche.* Tamino ! Tamino ! Je crois bien que tu veux m'abandonner tout à fait. *(PAPAGUÉNO entre par la droite, en cherchant.)* Si je savais seulement où te trouver ! Tamino ! Tamino ! Ah ! je me promets bien de ne plus te quitter désormais. Si tu m'entends, viens au secours de ton malheureux compagnon de route. *(Il va vers la porte de droite.)*

UNE VOIX *lui répond.* Arrière !

*(Coup de tonnerre, une flamme sort de la porte.)*

PAPAGUÉNO. Dieux miséricordieux ! De quel côté me diriger ? Je ne sais même plus par où je suis entré. *(Il revient vers la porte de gauche, celle par laquelle il était entré.)*

UNE VOIX, *derrière la porte.* Arrière !

*(Tonnerre et flamme comme plus haut.)*

PAPAGUÉNO. Je ne puis ni avancer ni reculer. *(Il pleure.)* Je vais mourir de faim ici ! C'est bien fait ! Je n'avais qu'à ne pas entreprendre ce maudit voyage !

L'ORATEUR *entre à droite.*

## SCÈNE XXV

### PAPAGUÉNO, L'ORATEUR, portant une torche, à la droite de PAPAGUÉNO. La scène s'éclaire.

L'ORATEUR. Mon brave homme, tu mériterais vraiment de terminer ta vie dans un goufre obscur, au fond de la terre. Les Dieux te font

emise de cette punition. Mais tu ne goûteras jamais les joies réservées
ux Initiés.

PAPAGUÉNO. Eh bien ! je serai comme tout le monde, et pas plus
malheureux pour cela. Mon bonheur à moi, pour l'instant, tiendrait
dans un bon verre de vin.

L'ORATEUR. C'est là ton unique désir ?

PAPAGUÉNO. Ma. foi, oui.

L'ORATEUR. Eh bien ! tu vas être servi. *(L'ORATEUR sort à droite.)*
*(La scène s'obscurcit. Une immense coupe remplie de vin sort de terre.)*

## SCÈNE XXVI

### PAPAGUÉNO, seul.

PAPAGUÉNO. Oh ! joie, me voilà servi ! *(Il boit.)* Exquis ! — Céleste !
— Divin ! — Ah ! voilà qui me consolerait de tout ; je voudrais m'élancer
vers le soleil ; que n'ai-je des ailes ! Mais, quelle sensation étrange vient
s'emparer de mon cœur. Je voudrais, je désirerais... Que se passe-t-il
en moi ?

### Nº 20. *Air.*

PAPAGUÉNO *(agite son Glockenspiel en chantant.)*

C'est l'amour d'une belle
Que Papaguéno veut.
Colombe ou tourterelle
Répondrait à son vœu *(ter)*.

Ah ! que mon cœur n'ait plus de peine,
Que mon bel appétit revienne !
Bien tranquillement je vivrais,
Et plus jamais ne me plaindrais *(bis)*.

C'est l'amour d'une belle, etc.

Pour moi je voudrais une fille
Qui se montre à mes feux sensible,
Et vienne chasser mon chagrin,
Sinon j'en mourrai, c'est certain ! *(bis)*

C'est l'amour d'une belle, etc.

Mais leur froideur me désespère,
Je brûle d'un feu qui m'altère !
Un regard de femme, un baiser
Et mon cœur serait apaisé !

LA VIEILLE FEMME *entre à droite en dansant et s'appuyant sur un bâton*

## SCÈNE XXVII

### PAPAGUÉNO, LA VIEILLE FEMME, à la gauche de PAPAGUÉNO.

LA VIEILLE FEMME. J'arrive à ton appel, mon ange !

PAPAGUÉNO. Tu as eu pitié de moi ?

La vieille femme. Oui, mon ange !

[Papaguéno. Quel bonheur pour moi !

La vieille femme. Oui, certes.] Si tu me promets une fidélité éternelle, tu verras quelle amante tendre je serai pour toi.

Papaguéno. Tes tendresses ! Oh ! vieille petite folle !

[La vieille femme. Tu verras comme je t'enlacerai, te caressera te serrerai sur mon cœur.

Papaguéno. Sur ton cœur ! rien que cela !]

La vieille femme. Allons, donne-moi ta main et scellons notre union !

Papaguéno. Pas si vite, mon bel ange ! Une si belle union demande un peu de réflexion.

La vieille femme. Veux-tu un bon conseil, Papaguéno : n'hésite pas. Ta main, ou tu ne sortiras plus jamais de cette prison.

Papaguéno. Je suis en prison ?

La vieille femme. Oui, et tu n'auras pour friandises que de l'eau et du pain. Tu vivras sans ami, sans amie ; il faudra renoncer complètement au monde.

Papaguéno. Moi, je boirais de l'eau ? Je renoncerais aux plaisirs de ce monde ? Non pas, je préfère conclure un mariage avec une bonne vieille, plutôt que de n'avoir pas de compagne. Voici ma main, et je te donne l'assurance que je te resterai toujours fidèle, *(à part)....* jusqu'à ce que j'en trouve une plus jolie !

La vieille femme. Tu le jures ?

Papaguéno. Oui, j'en fais serment !

La vieille femme *se transforme aussitôt en une jeune fille habillée de plumes, comme* Papaguéno.

Papaguéno. Pa... Pa.... Papaguéna ! *(Il veut l'embrasser.)*

L'Orateur *entre rapidement et se place entre* Papaguéno *et* Papaguéna.

## SCÈNE XXVIII

### Les Mêmes, l'Orateur.

L'Orateur, *saisissant vivement la main de* Papaguéna. Tu ne peux rester ici, ma belle, Papaguéno n'est pas encore digne de toi. *(Il la fait sortir, à droite.)*

Papaguéno *veut la suivre.*

L'Orateur. Arrière, reste ici, toi. *(Il sort.)*

Papaguéno. Que la terre m'engloutisse plutôt ! Je la suivrai ! *(Il s'enfonce dans le sol.)* Grands Dieux ! *(Il s'élance hors du trou et s'enfuit vers la gauche.)*

# XIIᵉ TABLEAU

Petit jardin avec palmiers. Il fait demi-jour. Le jour vient peu à peu.

## SCÈNE XXIX

### Nº 21. *Finale.*

#### LES TROIS ENFANTS

Bientôt l'aurore doit paraître
Dans toute sa splendeur.
Celui qui brave les ténèbres,
Triomphe de l'erreur.
Sublime paix, répands ton baume,
Répands ton charme au cœur de l'homme,
Et puisse la Divinité
Descendre sur l'Humanité *(bis).*

*(Ils se retirent vers la droite, au fond.* PAMINA, *entre précipitamment par la gauche.)*

#### PREMIER ENFANT

Voyez de Pamina les larmes !

#### DEUXIÈME ET TROISIÈME ENFANTS

Pamina !...

#### PERMIER ENFANT

L'infortunée !..:

#### LES TROIS ENFANTS

Pleure celui qui la dédaigne...
Essayons d'adoucir sa peine.
Son triste sort nous fait pitié *(bis).*
Oh ! quand reviendra son fiancé ?
Elle vient, éloignons-nous un peu,
Observons-la, surveillons-la.

## SCÈNE XXX

LES MÊMES, PAMINA, comme folle, tenant le poignard que lui a remis sa mère.

#### PAMINA *(à son poignard)*

O cher poignard sois mon époux !
J'attends de toi ma délivrance.

#### LES TROIS ENFANTS *(à l'écart)*

Qu'a-t-elle dit ? ô désespoir !
L'angoisse trouble sa raison.

### PAMINA

Attends, ami, je suis à toi !
O cher poignard, délivre-moi, unissons-nous !
Sois mon époux, mon fidèle époux.

### LES TROIS ENFANTS *(se rapprochant)*

Elle veut, dans sa folie,
En finir avec la vie.
Jeune fille, entends-nous !

### PAMINA

O martyre ! Je ne puis
Poursuivre de ma haine,
L'infidèle qui me dédaigne...
*(Levant le poignard)*
Mère, voilà ton présent !

### LES TROIS ENFANTS

Non ! le ciel te le défend !

### PAMINA

Plutôt finir ma torture
Qu'endurer l'amour d'un parjure !
Mère, mère ! par toi je meurs,
Et ta haine me poursuit !

### LES TROIS FENANTS

Jeune fille, suis nos pas !

### PAMINA

Quel abîme de douleur !...
Traître, fourbe, sois heureux !
Vois, Pamina meurt par toi !
O poignard ! délivre-moi !
*(Elle veut se frapper.)*

### LES TROIS ENFANTS
*(se précipitent vers* PAMINA *et lui arrachent le poignard.)*

Non, espère encore un jour !
S'il pouvait voir ta détresse,
Ton amant mourrait de peine !
A toi seule est son amour.

### PAMINA *(revenant à elle)*

Se peut-il que j'espère ?
Mais pourquoi son air sévère ?
Ses regards indifférents ?
Son silence, son dédain ?...

## LES TROIS ENFANTS

Tout cela, c'est un mystère.
Notre règle est de nous taire,
Mais bientôt tu comprendras
Que son cœur est tout à toi
Et qu'il a bravé la mort...
Jeune fille, suis nos pas !

## PAMINA

Guidez-moi, je veux le voir ! *(bis)*

## ENSEMBLE

Deux cœurs qu'un même amour entraîne
Ont une force surhumaine.
Et protégés par les Dieux,  }
Nul ne peut rien contre eux.  } *(ter)*
(Ils sortent tous ensemble.)


# XIIIᵉ TABLEAU

La scène représente une muraille rocheuse, au centre de laquelle est une
porte fermée par une grille en fer. A droite et à gauche, deux autres portes en fer.
Au fond, de chaque côté de la porte centrale, des cavernes : on aperçoit dans
l'une, à travers un grillage de fer, un torrent d'eau ; dans l'autre, à gauche,
un brasier et de grandes flammes. Il fait demi-jour.


## SCÈNE XXXI

DEUX GARDIENS DU TEMPLE, armés de pied en cap, avec des lances, se
tiennent devant la porte centrale. Sur leurs casques, on voit des flammes.
TAMINO entre à gauche, accompagné de deux Prêtres. LA VOIX DE PAMINA
au dehors.

### LES DEUX GARDIENS ARMÉS

Ici la route s'ouvre à vous, pleine d'obstacles.
L'air, l'eau, le feu, la terre purifient.
Celui-là qui vaincra les affres de la mort,
Sortira du tombeau victorieux.
Désormais, il pourra se consacrer
A ton mystère, ô grande Isis, tout entier.

### TAMINO, *amené par deux* PRÊTRES

Je n'ai pas peur et vous demande
D'ouvrir ces portes redoutables,
Pour éprouver mon cœur viril
Et ma vertu, dans les périls.

PAMINA, *au loin*

Tamino, viens ! je veux te voir !

TAMINO

C'est elle ? ô joie ! c'est elle !

LES GARDIENS

Oui, oui, c'est la voix de Pamina.

LES GARDIENS ET TAMINO

{ Courage ! unissons nos destins !
{ Courage ! unissez vos destins !
{ Que rien ne nous sépare plus.
{ Que rien ne vous sépare plus.
{ Serait-ce au prix de notre mort.
{ Serait-ce au prix de votre mort.

TAMINO

M'est-il permis de la revoir ?

LES GARDIENS

Oui, oui tu peux revoir Pamina.

TAMINO

Pouvoir entrer enfin
Au Temple, la main dans la main !
Pour toi, qui n'as pas craint la mort,
O femme, bientôt vont s'ouvrir
Les portes du plus pur séjour !

LES GARDIENS

O joie ! ils vont entrer enfin, etc.
*(Les* DEUX PRÊTRES *rentrent avec* PAMINA, *à gauche.)*


## SCÈNE XXXII

LES MÊMES, PAMINA.

PAMINA, *serrant* TAMINO *dans ses bras.*
Tamino !... Ah ! quel bonheur !

TAMINO

Pamina, viens sur mon cœur !
*(Il montre la muraille de rochers.)*
Voici les portes sombres
La Mort et ses horreurs !

### PAMINA

Je braverai les ombres,
Je suis près de ton cœur.
Conduite par l'Amour,
Moi-même te guiderai;
Sa main répandra le parfum
Des roses sur notre chemin.
Et cette Flûte aux sons magiques
De tous dangers nous gardera.
Jadis, mon père l'enchanteur l'a tirée
D'un chêne antique.
C'était par une nuit d'orage,
Le ciel, la terre étaient en feu;
De cette Flûte les doux sons
Dans les périls nous garderont.

### LES GARDIENS, PAMINA ET TAMINO

{ Et nous braverons }
{ Et vous braverez } sans peur
La sombre nuit, la mort et ses terreurs.

### PAMINA ET TAMINO

Nous deux avons bravé les flammes,
Unis dans des périls égaux.
Doux sons, encore affermissez nos âmes
Après le feu, contre les eaux. *(bis)*

*(TAMINO et PAMINA se dirigent vers la caverne des torrents.)*

## XIVe TABLEAU

Les murailles rocheuses disparaissent, et l'on voit apparaître la grande entrée largement ouverte d'un Temple, où se tiennent les PRÊTRES. Le Temple, brillamment éclairé, est dans toute sa splendeur.

## SCÈNE XXXIII

LES MÊMES, ZARASTRO, LES PRÊTRES dans les parties supérieures du Temple.

### TAMINO ET PAMINA

Victoire! c'est l'instant divin!
Isis bénit notre destin!

### CHŒUR

Victoire! *(ter)* nobles époux!
Qui triomphez de tous périls!
Auprès d'Isis soyez admis.
Vous que la vaillance unit.
Entrez au Temple!
Gloire à vous!

*(TAMINO et PAMINA se dirigent vers le Temple. ZARASTRO vient à leur rencontre. Il leur tend les mains et les fait entrer dans le Temple.)*

# XVe TABLEAU

**Un jardin : à gauche, un arbre portant une grosse branche desséchée.**  fait
grand jour.

## SCÈNE XXXIV

PAPAGUÉNO, seul, ceint d'une grosse corde.

PAPAGUÉNO *(après avoir joué de la flûte)*

Papaguéna ! *(ter)*
Chère, belle tourterelle !
J'appelle !... rien ! Elle est partie !
Ah ! quelle triste destinée !
J'ai trop parlé, trop jasé ; j'en suis puni.
Ce qui m'arrive c'est bien fait !
Depuis que j'ai goûté ce vin,
Que cette femme m'a parlé,
Mon pauvre cœur est tout troublé ... *(bis)*
Papaguéna, ô ma belle !
Papaguéna, tourterelle !
C'est en vain, elle est partie !
J'en veux finir avec la vie !
Quand l'Amour brûle trop fort,
Il faut l'éteindre par la mort ! *(Il déroule sa corde.)*
A l'instant sans plus attendre
A cet arbre il faut me pendre
Pour finir tous mes tourments !
Bonne nuit, méchantes gens !
Vous avez brisé mon âme
En m'enlevant cette femme...
C'en est fait, je meurs pour toi !
Belles filles, pensez à moi ! *(bis)*
Et personne pour m'entendre !
Et personne pour m'en défendre !
Il sera bientôt trop tard !
Est-ce oui ? Est-ce non ? *(bis)*
*(Il regarde de tous côtés autour de lui.)*
Rien ne bouge,... tout est calme,...
Tout, partout, est calme !
Ainsi donc c'est bien fini ?
Malheureux Papaguéno, va, là-haut ! }
Ah ! tu vas mourir bientôt !              } *(bis)*
Mais... un instant encor ! Voyons !...
J'attends encore, ouf ! Voyons !
*(Il regarde encore autour de lui.)*

58

Je vais compter : un,... deux,... trois !
*(Il souffle dans sa flûte.)*
*(Parlé)* Un !... deux !... trois !...
Nul regret, c'est dit, c'est fait *(bis)*
Puisque nul ne me retient !
C'est fini, c'est bien fini !
Bonne nuit, bonne nuit !
   *(Il va se pendre.)*

## SCÈNE XXXV
### PAPAGUÉNO, LES TROIS ENFANTS.

LES TROIS ENFANTS *(accourant, à droite)*

Attends *(ter)* ô Papaguéno, sois prudent !
Écoute bien : on ne vit qu'une fois *(bis)*.

#### PAPAGUÉNO

Ne riez pas de ma disgrâce.
Ah ! Si vous étiez à ma place !
Sans femme et plein d'ardeur....

#### LES TROIS ENFANTS

Fais donc résonner tes clochettes.
Tu verras venir la fillette.

#### PAPAGUÉNO

C'est vrai, j'avais perdu la tête !
J'avais oublié mes clochettes !
Sonnez gaîment, sonnez, clochettes !
Celle que j'aime, donnez-la moi, donnez-la moi !
   *(Il agite son Glockenspiel.)*
Sonnez mes clochettes,
Et montrez-la moi !
Sonnez mes clochettes, et montrez-la moi !
Sonnez mes clochettes, qu'elle vienne à moi !

LES TROIS ENFANTS *amenant* PAPAGUÉNA

   O Papaguéno, la voilà !

LES TROIS ENFANTS *sortent vers la droite.*

PAPAGUÉNO *regarde autour de lui avec des expressions comiques.*

## SCÈNE XXXVI
### PAPAGUÉNO, PAPAGUÉNA à sa gauche

*Duo.*

PAPAGUÉNO, *dansant autour de* PAPAGUÉNA

Pa-pa-pa-pa-pa-pa-paguéna !

PAPAGUÉNA, *dansant autour de* PAPAGUÉNO

Pa-pa-pa-pa-pa-pa-Papaguéno !

ENSEMBLE

Pa-pa-pa-pa-pa-pa-Papaguéno ! Papaguéna !

PAPAGUÉNO

Enfin, tu m'es accordée !

PAPAGUÉNA

Oui, tu m'as enfin trouvée !

PAPAGUÉNO

Sois donc ma petite femme.

PAPAGUÉNA

Fais le bonheur de mon âme !

ENSEMBLE

Ah ! que nous serons heureux,
Si le ciel qui nous protège,
Nous envoie tout un cortège *(bis)*
De jolis petits enfants.

PAPAGUÉNO

D'abord un petit Papaguéno.

PAPAGUÉNA

Puis une petite Papaguéna.

PAPAGUÉNO

Puis un second Papaguéno.

PAPAGUÉNA

Puis une seconde Papaguéna.
Papaguéno, Papaguéna ! *(bis)*

ENSEMBLE

Papaguéno, Papaguéna ! *(bis)*
Le vrai bonheur de notre vie
**Sera** d'avoir des Pa-pa-pa-pa-pa-pa-pa-pa-pa-pa-guéno (guéna).
Joie et tourment de leurs parents !
*(Ils sortent bras dessus bras dessous.)*

# XVI<sup>e</sup> TABLEAU

Un site rocheux. Il fait nuit.

## SCÈNE XXXVII

MONOSTATOS, LA REINE DE LA NUIT, accompagnée des TROIS DAMES, entre par la droite. Elles tiennent des flambeaux noirs allumés.

MONOSTATOS, *à gauche de la Reine.*

Silence ! glissons en silence.
Car dans le Temple nous voici.

LA REINE ET LES TROIS DAMES

Silence ! glissons en silence !
Car dans le Temple nous voici.

MONOSTATOS

O Reine ! donne-moi Pamina !
Donne-la moi, tu l'as promis.

LA REINE

Monostatos, à toi, ma fille !
De mon enfant deviens l'époux !

LES TROIS DAMES

De son enfant deviens l'époux.
*(Tonnerre. Bruits d'eaux qui ruissellent.)*

MONOSTATOS

Entendez-vous ces bruits sinistres ?
La terre tremble, l'eau ruisselle !

LA REINE ET LES TROIS DAMES

Oui, oui, une rumeur sinistre
Frappe notre âme de terreur !

MONOSTATOS

Nos ennemis sont dans le temple !

ENSEMBLE

Dans la nuit il faut les surprendre,
Que par le fer et par le feu
Périsse eur ordre inhumain !

61

Puissante Reine de la Nuit ! *(bis)*.
Notre vengeance s'accomplit !
*(On entend un fort bruit de tonnerre. Eclairs et orage.)*

### Ensemble

Hélas ! mon ⎫
O Reine, ton ⎬ pouvoir à jamais est détruit !
Le jour nous rejette en l'éternelle nuit !
*( Ils sortent tous, en hâte.)*

(Changement a vue).

●

## XVIIᵉ TABLEAU

### Le Temple du Soleil.

## SCÈNE XXXVIII

Zarastro est sur son trône. Devant lui, Tamino et Pamina, revêtus des mêmes ornements que les prêtres, qui sont rangés des deux côtés. Les trois Enfants tiennent des fleurs dans leurs mains.

### Zarastro

Lumière éternelle,
Dissipe la nuit,
Répands ta splendeur !
Succède aux ténèbres,
Dissipe l'erreur !

### Chœur

Paix à vous, mes Frères ! *(bis)*
Vainqueurs de la Nuit !
Gloire à toi, Osiris,
Gloire, gloire, Isis, à toi !

Le Juste triomphe !
Sagesse et Beauté
Sont la récompense
De sa fermeté !

— 18990 Imp. M. Arnaud & Cie —
—— Saint-Quentin (Aisne) ——

www.ingramcontent.com/pod-product-compliance
Lightning Source LLC
LaVergne TN
LVHW022118080426
835511LV00007B/894